海上大型工程船
设计导论

谭家华　陈新权　编著

上海交通大学出版社
SHANGHAI JIAO TONG UNIVERSITY PRESS

内容提要

本书对 9 种具有代表性的海上大型工程船的作业原理、主要作业设备和发展状况做了比较详细的叙述;对海上大型工程船的一些共性技术和装备进行了初步总结;对一些有别常规运输船的特种结构及设备设计给出了设计流程和应注意之点;对我国海上大型工程船的发展趋势进行了展望。本书可作为高等院校船舶与海洋工程专业的教材,也可供从事船舶与海洋工程的技术人员参考。

图书在版编目(CIP)数据

海上大型工程船设计导论/谭家华,陈新权编著
. —上海:上海交通大学出版社,2023.3
ISBN 978-7-313-27920-0

Ⅰ.①海… Ⅱ.①谭… ②陈… Ⅲ.①海船−工程船
−船舶设计 Ⅳ.①U674

中国国家版本馆 CIP 数据核字(2023)第 038711 号

海上大型工程船设计导论
HAISHANG DAXING GONGCHENGCHUAN SHEJI DAOLUN

编　　著:谭家华　陈新权
出版发行:上海交通大学出版社　　　　　地　　址:上海市番禺路 951 号
邮政编码:200030　　　　　　　　　　　电　　话:021-64071208
印　　制:上海文浩包装科技有限公司　　经　　销:全国新华书店
开　　本:710mm×1000mm　1/16　　　印　　张:12.5
字　　数:221 千字
版　　次:2023 年 3 月第 1 版　　　　　　印　　次:2023 年 3 月第 1 次印刷
书　　号:ISBN 978-7-313-27920-0
定　　价:88.00 元

前　　言

　　"提高海洋资源开发能力,发展海洋经济,保护海洋生态环境,坚决维护国家海洋权益,建设海洋强国。"建设海洋强国是我国的重大发展战略。在海洋强国战略的指引下,我国的海洋开发得到迅速发展,海上大型工程船发挥了不可替代的作用,是实现海洋强国战略的重大装备,其设计和制造技术是国家的核心技术。

　　海上大型工程船的种类繁多,每年都有新的海上大型工程船推出,海上大型工程船领域是一个创新不断涌现的领域,是近20年来发展特别快的领域,是一个多学科交叉特征特别强的领域,但也是在过去船舶与海洋工程专业的教学中没有得到足够重视的领域。为使相关专业的本科生了解、认识海上大型工程船,并为设计海上大型工程船打下基础,本书对9种具有代表性的海上大型工程船的作业原理、主要作业设备和发展状况做了比较详细的叙述;对海上大型工程船的一些共性技术和装备进行了初步总结;对一些有别常规运输船的特种结构及设备设计给出了设计流程和必须关注之点;对我国海上大型工程船的发展趋势进行了展望。本书可作为高等院校船舶与海洋工程专业的教材,也可供从事船舶与海洋工程的技术人员参考。

　　本书的编写者均为上海交通大学船舶与海洋工程设计研究所的教师与工程技术人员,他们有长期从事海上大型工程船研究和设计的经历。本书的编写人员如下:第3章中的第2节"特种结构设计"由夏利娟编写;第3节"电站及管理系统"由谷孝利编写;第5节"压载调载系统"由黄超编写;第6节"波浪补偿系统"由黄博伦编写;谭家华和陈新权编写了其余各章节,并负责了全书的统稿、修改和定稿。

　　由于编者水平有限,本书尚存一些不妥之处,恳切希望读者批评指正,以便今后改进。

编　者

2022 年 11 月于上海交通大学

目　　录

1　绪论 …………………………………………………………………………………… 1

2　几种典型的海上大型工程船 …………………………………………………… 11
  2.1　起重船 …………………………………………………………………………… 13
    2.1.1　起重船分类 ……………………………………………………………… 13
    2.1.2　起重船的主要技术特征和关键设备 …………………………………… 16
    2.1.3　起重船的发展历程 ……………………………………………………… 19
  2.2　风电安装船 ……………………………………………………………………… 23
    2.2.1　风电安装船分类 ………………………………………………………… 23
    2.2.2　风电安装船主要技术特征和关键设备 ………………………………… 27
    2.2.3　风电安装船的发展历程和趋势 ………………………………………… 31
  2.3　半潜船 …………………………………………………………………………… 35
    2.3.1　半潜船分类 ……………………………………………………………… 36
    2.3.2　半潜船的主要技术特征 ………………………………………………… 37
    2.3.3　半潜船的作业流程与关键设备 ………………………………………… 39
    2.3.4　半潜船的发展历程和趋势 ……………………………………………… 41
  2.4　浮船坞 …………………………………………………………………………… 46
    2.4.1　浮船坞分类 ……………………………………………………………… 47
    2.4.2　浮船坞主要技术特征 …………………………………………………… 48
    2.4.3　浮船坞的主要作业流程与关键设备 …………………………………… 49
    2.4.4　浮船坞的发展历程和趋势 ……………………………………………… 51
  2.5　挖泥船 …………………………………………………………………………… 54
    2.5.1　绞吸挖泥船 ……………………………………………………………… 54
    2.5.2　耙吸挖泥船 ……………………………………………………………… 71
    2.5.3　反铲挖泥船 ……………………………………………………………… 82
  2.6　地基处理船 ……………………………………………………………………… 91

2.6.1 软体排铺设船 ·· 91

2.6.2 抛石整平平台 ·· 95

3 海上大型工程船的共性技术与装备 ········· 101

3.1 总体设计方法 ·· 103

3.1.1 主要要素确定 ·· 103

3.1.2 总体布局设计 ·· 105

3.1.3 动力系统优化配置 ···································· 107

3.1.4 设计载荷预报技术 ···································· 109

3.2 特种结构设计 ·· 114

3.2.1 大型工程船特种结构设计流程 ·················· 114

3.2.2 典型工程船特种结构 ······························ 116

3.3 电站及管理系统 ··· 122

3.3.1 电站组成 ·· 122

3.3.2 大型工程船舶电站特殊性 ························ 123

3.3.3 电站管理 ·· 127

3.4 定位移位技术与装备 ···································· 131

3.4.1 锚定位 ·· 131

3.4.2 桩定位 ·· 133

3.4.3 动力定位 ·· 143

3.5 压载调载系统 ·· 147

3.5.1 船舶压载方式 ·· 148

3.5.2 典型半潜船的压载系统 ···························· 158

3.5.3 工程船压载水系统其他要点 ······················ 159

3.6 波浪补偿系统 ·· 163

3.6.1 被动式波浪补偿系统 ······························ 164

3.6.2 主动式波浪补偿系统 ······························ 167

3.6.3 主-被动式混合波浪补偿系统 ···················· 172

4 我国海上大型工程船发展展望 ··············· 177

4.1 发展趋势 ··· 179

4.2 问题与探讨 ·· 187

参考文献 ·· 190

绪　　论

20 世纪 60 年代来以来,随着海洋科学的进步,人类对海洋环境及资源的认识有了很大的提高,海洋工程技术有了很大的发展,海洋开发进入新的发展阶段。探索认识海洋、开发利用海洋资源、保护海洋环境、维护国家海洋安全成为国家海洋强国战略的重要组成部分。由于海洋环境的特殊性,为实现海洋强国战略,必须依靠相应的海洋装备和技术。谁拥有了先进的装备和技术,谁就在海洋开发中占据优势。

海上大型工程船是海船与重大施工设备有机结合之后、能完成水上和水下多种施工任务的特种船舶,是资金密集、技术密集、漂浮在海上的重大施工机械。它是实现海洋强国战略的一类重大核心装备,其设计和制造技术是国家的核心关键技术。

海上大型工程船种类很多,据不完全统计,现有 300 多种,每年都有新型的工程船被开发出来,海上大型工程船领域是一个不断涌现创新的领域,海上大型工程船的粗略分类如下:

(1)海洋施工船,如起重船、挖泥船、风电安装船、铺管船、布缆船、打桩船、铺排船、抛石整平船、破冰船等[1,2];

(2)海洋科考船,如综合科考船、地球物理勘探船、渔业资源勘探船、潜水器母船、极地考察船、大洋钻探船、航天测量船等;

(3)海洋资源开采船,如采矿船、钻井船、海水淡化船、海流发电船、海水温差发电船、波浪发电船、冷海水保鲜船、磷虾捕捞加工船、渔业加工船、渔业养殖母船等;

(4)海洋特殊货物运输船,如半潜船、载驳船等;

(5)海洋工程作业服务船,如浮船坞、补给船、抛锚艇、海工辅助船、消防船、浮油回收船、海上医院等。

近几十年来,特别是近 20 年来,随着我国海上油气开发、桥隧建设、岛礁建设、风电场建设、特殊重大结构运输等行业的蓬勃发展,我国海上大型工程船也在快速发展,我国自行设计、建造了一大批海上大型工程船,如起重船、挖泥船、风电安装船、半潜船和浮船坞等。它们在实现海洋强国战略和一带一路重大工程建设中发挥了重大作用。下面介绍其中几艘。

1)用于远海岛礁建设的"天鲸号"

"天鲸号"是一艘海上大型自航绞吸挖泥船(见图 1-1),总长为 127.5 m,型宽为 22 m,吃水为 6 m,总装机功率为 20 020 kW,生产能力为 4 500 m³/h,最大挖深为 30 m,最大排泥距离为 6 000 m,设计航速为 12 kn。"天鲸号"由天津航道局投资建造,于 2010 年交船,是当时世界第三、亚洲第一的自航绞吸挖泥船。在远海岛礁建设中发挥了不可替代的作用,是南海岛礁建设的功勋船舶。

图 1-1 "天鲸号"作业状态

2) 用于港珠澳大桥建设的"振华 30"

"振华 30"是一艘海上大型起重船(见图 1-2),船体长度为 297.55 m,型宽为 58 m,型深为 28.8 m,载重线吃水为 17.6 m,设计航速为 12 kn,安装有 12 个推进器,配备 DP-2 动力定位系统,最大起重能力为 12 000 t,是目前世界上最大的单船体起重船。图 1-2 所示为港珠澳大桥项目中,"振华 30"正在吊接 6 000 t 重的海底隧道管段接头,完成海底隧道贯通的最后一步。

3) 用于粤电新寮风电场建设的"龙源振华叁号"

"龙源振华叁号"是一艘海上风电专用安装船,船长为 100.8 m,型宽为 43.2 m,型深为 8.4 m,起重能力达到 2 000 t,起升高度达到 120 m,可实现大兆瓦海上风机基础的空中翻身,具备大型结构件吊装、桩基打桩、风电设备安装等多种功能。图 1-3 所示为"龙源振华叁号"在广东新寮风电场项目施工,当时曾创造单月完成 10 台风机吊装的纪录。

4) 用于圆筒型 FPSO 运输的"新光华"

"新光华"是一艘 10 万吨级的半潜船,船舶总长为 255 m,型宽为 68 m,下潜吃水为 30.5 m,载重量为 98 000 t,服务航速为 14.5 kn,装货甲板长为 210 m、宽

图 1-2　"振华 30"吊接海底隧道管段接头

图 1-3　"龙源振华叁号"在广东新寮风电场项目施工

为 68 m,甲板面积达到 13 500 m²,目前是世界第二、我国最大的半潜船。图 1 - 4 所示为"新光华"装载"希望 6 号"圆筒形 FPSO,"希望 6 号"主甲板直径为 78 m,高度为 36.5 m,总重达 28 000 t。2017 年 2 月 18 日,"新光华"经过 12 小时完成"希望 6 号"的装载任务,并将其运输到英国北海油田。

图 1 - 4 "新光华"运输 FPSO

5)"PD - 50"浮船坞

"PD - 50"是俄罗斯最大的浮船坞,长为 330 m,宽为 67 m,举力为 80 000 t,船坞面积为 2.3×10⁴ m²。该船坞装备有 4 个柴油发动机、4 个柴油发电机和 2 个起重机,主要用于北方舰队的巡洋舰维修和航母改造。该浮船坞于 1980 年交付使用,图 1 - 5 所示为"PD - 50"浮船坞用于维修排水量为 58 000 t、长度为 304.5 m 的"库兹涅佐夫号"航母,2018 年 10 月 30 日,维修发生意外,导致"PD - 50"浮船坞沉没。

6)"津平 1"抛石整平船

"津平 1"抛石整平船是为港珠澳大桥建设配备的专用施工设备,集抛石整平为一体,船长为 81.8 m,型宽为 46 m,型深为 5.5 m,总重约为 6 500 t,排水量约为 9 800 t,抛石管长为 72.7 m,整平作业范围达 48 m×25 m,作业时由 4 根长为 90 m、直径为 2.8 m 的桩腿进行定位,可在外海环境中作业,最大作业水深为 50 m,整平精度达 40 mm,最高精度可达 25 mm。图 1 - 6 所示为"津平 1"在港珠澳大桥施工现场作业。

图 1 - 5　"PD - 50"浮船坞进行航母维修作业

图 1 - 6　"津平 1"抛石整平船进行碎石垫层铺设施工作业

7)"雪龙 2"极地科考船

"雪龙 2"极地考察船是我国第一艘自主建造的极地科学考察破冰船(见图 1 - 7),船长为 122.5 m,型宽为 22.32 m,吃水有 7.85 m,排水量为 13 996 t,最大航速为 15 kn,续航力为 2×10^4 n mile,船上可搭载科考人员和船员共 90人,自持力为 60 天,该船装备有国际先进的海洋调查和观测设备,搭载一架莱奥纳多 AW169 型直升机,破冰能力达到 PC3 级,能在全球无限航区航行。

图 1 - 7 "雪龙 2"在南极科学考察

8)"深蓝"南极磷虾捕捞加工船

"深蓝"是国内首艘自主建造的南极磷虾捕捞加工船,总长约为 114.45 m,型宽为 21.6 m,型深为 12.5 m,设计吃水有 7.3 m,航速达 15 kn,配员 99 人,满足 ICE - A 冰区及-25℃气温环境中作业的条件要求,日产量可达 600 t,具备年 8~10 万吨的鲜虾捕捞及初加工处理能力,如图 1 - 8 所示[3]。

图 1 - 8 "深蓝"南极磷虾捕捞加工船

9)"海洋石油 201"起重铺管船

　　"海洋石油 201"是我国首艘 3 000 m 深水铺管起重船,船长为 204.65 m,型宽为 39.2 m,型深为 14 m,作业吃水有 7～9.5 m,航速为 12 kn,甲板可变载荷达 9 000 t,定员 380 人,续航力为 12 000 n mile,自持力为 60 天,排水量为 59 101 t,起重能力达 4 000 t,配备 DP3 动力定位系统,采用 S 形铺管模式,铺设管径为 6～60 in[1 英寸(in)＝2.54 cm],图 1-9 所示为"海洋石油 201"正下放铺管架。

图 1-9　"海洋石油 201"起重铺管船

2

几种典型的海上
大型工程船

2.1 起重船

起重船又称浮吊,是甲板上装有起重设备、专门用于水上吊运重物的工程船,可用于导管架及上部甲板模块的安装、海底结构件的起重打捞、桥梁分段的吊装、海底沉管的吊放等[4]。随着海上大型工程发展需求,起重船在近几十年有了很大的发展,在港口航道建设、船舶建造、近海桥梁建设、水下打捞、海洋工程作业等方面发挥了越来越重要的作用。

2.1.1 起重船分类

起重船有多种分类方法。若按调遣方式可分为非自航式与自航式,大多数为非自航式起重船,非自航式起重船通常采用简单的箱形船型,需拖轮或其他船舶辅助调遣;自航式起重船则通常具有运输船舶一样的线型并配备推进系统,能够自行到达作业地点,机动性强,灵活性高。

按船主体数目可分为单体式和双体式,还有半潜平台型。与单船体型起重船相比,半潜平台型起重船由下浮体、立柱、甲板模块组成,作业时下浮体下沉入水中,风浪中的运动性能好,能提供较大的排水量和较优的稳性,现今世界上起重能力最大的起重船"Sleipnir"即采用半潜平台型,为半潜式起重船,如图 2-1 所示,其主要参数如表 2-1 所示。

表 2-1 "Sleipnir"半潜式起重船的主要参数

船体总长/m	220
型宽/m	102
型深/m	20.4
吃水/m	12～32
单主钩全回转最大起重能力/t·m	10 000×48
辅钩起重能力/t	2 500×58

按船上起重设备类型可分为固定式和旋转式,即通常所说的扒杆吊和全回转起重机,扒杆吊只能起吊重物上下变幅,全回转起重机除了上下变幅还能吊着重物绕基座旋转,灵活性更强,前述的"Sleipnir"和如图 2-2 所示的"蓝鲸"起重

图 2 - 1 "Sleipnir"半潜式起重船

图 2 - 2 "蓝鲸"全回转起重船

船配备的是全回转起重机.表2-2所示为"蓝鲸"全回转起重船的主要参数。

表2-2 "蓝鲸"全回转起重船的主要参数

船体总长/m	约为241
垂线间长/m	217
型宽/m	50
型深/m	20.4
设计吃水/m	9.46
最大起重能力/t·m	7 500×45
回转起重能力/t·m	4 000×40
辅钩起重能力/t	1 600

此外还有一些专用起重设备,它们是为一些特殊工程专门开发的。Versabar公司的"VB-10000"是特种起重船,用来整体拆除导管架平台或其他海上结构物,如图2-3所示。它由两条91 m长、22 m宽的驳船及其甲板上两个高耸的桁架式结构组成,两驳船间距49 m,起吊桁架最高点达到73 m,其下的吊钩高达54 m,最大起重能力达到7 500 t。2011年还开发了重1 000 t的巨型抓斗以打捞水下110 m的沉没结构物。2020年曾用来打捞倾覆于乔治亚州圣西蒙斯海峡的"Golden Ray"沉船。

图2-3 "VB-10000"

我国自主研制了专门用于桥梁建造工程的"天一号"运梁起重船,其起重机主要由起重架、吊梁扁担、起升系统、操作室、绑扎托架等组成,如图2-4所示。

起重架距水面高约 69 m,上部采用可拆式钢架结构,下部为整体式结构。起重架吊梁扁担为专用的吊梁工具,由 4 套双联液压卷扬机驱动。操作室置于起重架两根立柱间的平台上,距水面高 57 m。

图 2-4 "天一号"运梁起重船

2.1.2 起重船的主要技术特征和关键设备

起重船通常根据起重物件的种类、重量、体积、外形大小与数量确定起重能力、起吊速度、旋转半径、旋转速度、跨距、俯仰速度与水平速度等,再根据工作条件如吊运距离、场所、循环时间等确定起重机的形式与尺度,并设计合适的船型。

起重船的排水量与起重能力成正比,通常起重能力越大,排水量也越大,在相同起重量的情况下,全回转式起重船的排水量要比固定式的大。

起重船起吊重物时,整体的重心位置将显著变化,对船舶浮态和稳性提出了更高的要求,要特别注意在恶劣海况下重物运动对船舶安全性的影响。为保证船舶的浮态和稳性,起重船上配置了大量的压载舱,根据起吊重物的重量和位置移动情况,利用压载泵、阀门和管道增加或减少各压载舱内的水,以保证船舶处于安全的浮态。起重能力越大的船舶,配置的压载泵数量和功率就越大,现代起重船的压载系统能在吊运过程中实时反馈信息,快速计算出重心变化并控制水泵的阀门,并且可以在极短的时间内精准地调整船舶重心位置,确保起重船处于要求的浮态,这是大型起重船的一大技术特征。

大型起重船的关键作业设备主要是船上配置的起重机、压载系统和定位系统[5]。

1. 固定式起重机

大型固定式起重船的起重机都是采用扒杆式。扒杆式起重机的结构相对简单,起重臂一般由两根臂架组成人字形结构件,臂架有板梁、箱形梁、桁架等多种结构形式,如图2-5所示。目前桁架式臂架因其重量轻、受风面积小、力传递合理等优点,逐步取代了曾风靡多年的板梁和箱形梁式臂架。

图2-5 扒杆式起重机

臂架的下端铰接在船体甲板上,臂架上端通过钢丝绳连接到后方人字架上,调节钢丝绳长度可使起重臂绕销轴摆动,改变臂架的仰角,从而实现臂架的变幅。也有一些扒杆式起重机是不可变幅的。

扒杆式起重船多为非自航船,由于扒杆式起重机吊重物只能前后移动,而不能横向移动,因此要靠拖轮辅助以实现吊物就位,或是靠船向各个方向抛锚,通过牵拉不同方向的锚链改变船位来实现重物就位。目前该类起重船也配备了辅助推进器,具备作业现场的移船能力。

2. 回转式起重机

回转式起重船的起重系统安装在一个转盘上,吊臂与转盘连为一体,工作时吊臂随转盘水平旋转。回转式起重船的起重机设有旋转、起升和变幅机构,起重臂多为桁架式,如图2-6所示。

回转式起重船可在水平面上做180°或360°旋转,操纵灵活,但其自身重量较扒杆式起重机大,而且吊运过程中对船体排水量和稳性要求高,需要大量调节压载水,因此船体尺度相对较大。

图 2-6　全回转式起重机

回转式起重机一般由电动或电动液压驱动回转机构实现在水平面的旋转，吊臂通过变幅绞车改变仰角获得不同的舷外跨距，依靠起升绞车实现起吊物的升降。

3. 压载系统

大型起重船的压载系统由压载水动力装备、压载舱、管道、阀门和控制系统构成，是此类船上的重要作业装备之一。它的主要作用：① 调整船舶浮态。起重船起吊移动重物时，船体吃水和浮态变化大、变化快，为了保证各种工况下的浮态和安全，船上设置大量的压载舱，需要频繁调节压载水以抵抗重物移动引起的倾覆力矩。② 改善船舶稳性。起重船起吊重物时，巨大的吊重导致船舶整体的重心升高，使得稳性恶化，需要根据作业工况在主船体内加载大量压载水以降低重心高度，改善稳性。③ 大型起重船的起重机通常设置在船体端部，起重作业时会使船体的总纵弯矩产生巨大的变化，需要通过调节压载水分布改善主船体总强度。具体内容详见压载调载系统相关章节。

4. 动力定位

大型起重船通常采用锚泊定位，通过锚泊系统实现作业时的定位和移位。

随着作业水深和定位精度要求的增加,常规锚泊定位方式已不能满足作业需求,新造的大型起重船通常配置动力定位系统,实现船舶移位和定位,从而使得海上起重作业不受水深影响,并大大减少了海上定位的准备和操作时间,环境适应性强,船舶机动性好。常规的动力定位系统由推进系统、环境和船姿监测系统、动力系统和控制系统等组成。动力定位技术详见定位移位技术与装备章节。

5. 全电力驱动

大型起重船调遣、避风、定位和起重作业工况复杂,各工况所需功率变化大,随着变频驱动技术的日益成熟,新建的大型起重船的起重机、动力定位、推进系统等主要作业设备都采用了电力驱动,因此装机功率大大增加,增设船舶电站和管理系统成为必然趋势,详见电站及管理系统章节。

2.1.3 起重船的发展历程

首艘用于近海海洋工程的起重船"GlobalAdventurer"诞生于 1963 年,它由一艘油船改装而来,起重能力达到 300 t,能够在欧洲北海的恶劣环境下作业。

半潜式起重船出现于 1978 年,荷兰 Heerema 公司建造了姐妹船"Hermod"和"Balder",船上装有 2 000 t 和 3 000 t 的起重机,该船型具有更好的稳性和水动力性能,可以在更为恶劣的海况下作业,配备两台大型全回转起重机,起重量也更大。

近几十年来,随着海上大型工程的开展,对大型起重船的需求巨大,海上大型起重船也得到了快速发展。

目前,世界上拥有大型起重船较多的国家有中国、荷兰、美国、意大利、日本、韩国等。这些船主要集中在大型的海洋工程承包商手中,如荷兰的 Heerema 公司、意大利的 Saipem 公司等。

荷兰的 Heerema 公司拥有 4 艘半潜式起重船,分别是"Hermod""Balder"、"Thialf"和"Sleipnir",此外还有一艘 4 000 t 起重能力的起重铺管船"Aegir"。"Thialf"建于 1985 年,装有两台 7 100 t 的起重机,联合起重能力高达 14 200 t,在 2019 年"Sleipnir"出现之前,它一直是世界上最大的起重船。"Sleipnir"配备两台 10 000 t 主起重机,能够起吊 20 000 t 的重物,已于 2019 年投入营运,是目前世界上最大、能力最强的起重船[6]。

20 世纪 80—90 年代,我国开始建造千吨以上起重能力的大型扒杆式起重船,特别是在 21 世纪初,为适应跨海大桥的建设,我国根据特殊工程的需求先后建成了一批特殊用途的固定扒杆式起重船。如 2003 年投入使用的"小天鹅"起重船,是为东海大桥箱梁架的吊装而设计的,最大起重量为 2 500 t,最大吊高为 41 m;2006 年投入使用的"天一号"起重船,是为杭州湾跨海大桥建设而设计的,起重能力达到 3 000 t,起重吊高达到 53 m。此外,我国还建成了多艘起重能力达 2 000 t 以上的扒杆式起重船,如"四航奋进""三航风范""长大海升"等。

对于全回转式起重船,我国起步较晚,早期主要是从国外引进,如上海打捞局在 1980 年从日本购入的"大力号"2 500 t 全回转式起重船。随着海洋油气开发和大型海上工程的快速发展,对大型全回转起重船的需求增加,我国开始自主研制大型全回转重船,1992 年建成 900 吨级全回转起重船"南天龙",2001 年建成 3 800 吨级的"蓝疆",2007 年建成的 4 000 吨级的"华天龙",2008 年建成 7 500 吨级的"蓝鲸",2016 年建成 12 000 吨级的"振华 30"。在大约 20 年时间内,我国的海上大型起重船由几百吨级发展到万吨级。

目前全世界有 58 艘 2 000 t 以上的起重船,其中 5 000 t 以上的有 15 艘,我国拥有的 2 000 t 以上的有 22 艘,其中 2 000~5 000 吨级的有 20 艘,5 000 t 以上的有两艘。由于近年来海上风电的迅猛发展,我国目前也有多艘 4 000 吨级、5 000 吨级的起重船正在设计建造中。表 2-3 汇总了国内外部分大型起重船的类型、起重能力和主要尺度,可供大型起重船设计者和使用者参考。

表 2-3 部分海上大型起重船主要参数

船 名	船 东	船型	建造年份	起重能力		总长/m	型宽/m	型深/m
				固定吊/t	回转吊/t			
Hermod	Heerema	半潜式	1978	3 628	2 700	154	86	42
				4 576	4 356			
Balder	Heerema	半潜式	1978	2 720	1 980	154	86	42
				3 600	2 970			
DB101	J. Ray McDermott	半潜式	1978	3 500	2 700	146.3	51.9	36.6
Thiaf	Heerema	半潜式	1985	7 100	7 100	201.6	88.4	49.5
Saipem7000	Saipem	半潜式	1986	7 000	6 000	197.95	87	43.5

（续表）

船　名	船　东	船型	建造年份	起重能力		总长/m	型宽/m	型深/m
				固定吊/t	回转吊/t			
OOS Gretha	OOS International	半潜式	2012	3 600	—	137.5	81	39
Sleipnir	Heerema	半潜式	2019	20 000	10 000	220	102	20.4
DB101	J. Ray McDermott	单船体	1974	2 400	1 400	128	39	8.53
DB30	J. Ray McDermott	单船体	1975	3 080	2 300	128	48.2	8.53
Saipem3000	Saipem	单船体	1976	2 177	2 177	162	38	9
大力号	上海打捞局	单船体	1980	2 500	500	100	38	9
Stanislav Yudin	Seaways Heavy Lifting	单船体	1985	2 500	2 500	183.2	36	13
DB 50	J. Ray McDermott	单船体	1988	4 400	3 527	151.48	46	12.5
Castoro 8	Saipem	单船体		2 177	1 814	191.4	35	15
Svanen	Van Oord	单体船	1990	5 705	—	102.75	74.6	6
蓝疆	海油工程	单船体	2001	3 800	2 500	157.5	48	12.5
四航奋进	中交第四航务工程局有限公司	单体船	2004	2 600	—	100	41	7.6
华天龙	广州打捞局	单船体	2006	4 000	2 000	174.8	48	16.5
Sapura 3000	SapuraScergy	单船体	2008	2 952	2 156	151.2	37.8	9.1
蓝鲸	中海油	单体船	2008	4 000	7 500	241	50	20.4
三航风范	中交第三航务工程局有限公司	单体船	2009	2 400	—	96	40.5	7.8
威力	上海打捞局	单船体	2010	3 000	2 060	141	40	12.8

（续表）

船 名	船 东	船型	建造年份	起 重 能 力		总长/m	型宽/m	型深/m
				固定吊/t	回转吊/t			
OlegStrashnov	Seaways Heavy Lifting	单船体	2010	5 000	5 000	183	37.8/47	18.2
OCEANIC5000	ADSA	单体船	2011	4 400	—	196.89	48	14.3
海洋石油 201	海油工程	单船体	2011	4 000	3 500	204.65	39.2	14
正力 2200	福建正力海洋工程有限公司	单体船	—	2200	—	134.04	40	7.8
Swiber Kaizen 4000	Swiber Offshore	单体船	2012	4 200	—	156	50	12
Seven Borealis	Subsea7	单体船	2012	4 000	—	182.2	46.2	16.1
Borealis	NordicHeavyLift	单船体	—	5 000	4 000	180.9	46.2	16.1
Aegir	Heerema	单体船	2012	4 000	—	220	46	—
秦航工 1	江苏蛟龙打捞航务工程有限公司	单体船	2012	2 200	—	102.6	41.6	7.8
德浮 3600	烟台打捞局	单体船	2013	3 600	—	118.9	48	8.8
Asian Hercules III	Asian Lift	单体船	2015	5 000	—	106.42	52	10
振华 30	振华重工	单体船	2016	12 000	7 000	297	58	28.8
MOUNT 2000		单体船	2018	2 000	1 100	144.7	40	11
SSCV Sleipnir	Heerema Marine Contractors	单体船	2019	10 000	2 500	220	102	32
华西 5000	华西村海洋工程服务有限公司	单体船	2021	4 500	—	178	48	17
秦航工 2300	江苏蛟龙打捞航务工程有限公司	单体船	2021	2 300	—	136.2	44.6	9.6

2.2 风电安装船

风电安装船是用来运输和安装海上风机、建设海上风电场的工程船。在海上风电场建设刚起步的时候,风机的安装主要是采用起重船、自升式驳船、自升式起重平台等进行的。随着海上风机功率越来越大,风场离岸距离越来越远,风场水深越来越深,诞生了专用的风电安装船。专用的风电安装船通常以起重能力、甲板装载空间和移航定位能力作为船舶作业能力的指标[7]。

2.2.1 风电安装船分类

海上风机包括风机基础和风机主体,风机主体由塔筒、机舱、叶片组成。海上风机安装可分为整体安装和分体安装两种方法。整体安装是指将组装好的风机主体部分运输到安装地点,再吊起安装到风机基础上,图2-7所示为东海大桥风力发电场利用起重船和专用运输船联合完成风机安装。分体安装是目前应用最广泛、技术最成熟的方式,是将风机部件运到安装地点后,从下到上逐步安装各节塔筒、机舱和叶片,有时亦将机舱和部分叶片在运载船上安装好后,再起吊安装,图2-8所示是江苏启东风电场的风机安装。

图2-7 风机整体安装

海上风电安装经历了从近岸滩涂到沿海、近海的发展历程。海上风机也越来越大,其基础形式经历了多次演变。对于风电安装船,通常认为到目前为止经

图 2-8 风机分体安装

历了三个阶段四代船型的发展：第一代是起重船型，属第一阶段；第二代是自升平台型，属第二阶段；第三代是自航自升桩腿式船型；第四代是适应更大水深的自航自升桁架式桩腿船型，属第三阶段[8]。

1. 起重船型

用于风机安装的起重船通常都具备自航能力，能够实现风场间自主快速调遣，也可在不同位置的风机间转移，操纵性好。非专用风机安装的起重船易受天气、波浪等自然条件的影响，工作地点也基本局限在近岸水域。大型起重船作业能力和环境适应能力都比较强，能够实现风机的整体安装，也多用于单桩基础的风机安装，能用一艘起重船完成打桩和风机安装工作，其动力定位能力可支持离岸较远的深海区域作业，但使用成本高昂。

对于极浅水域，则通过带坐底功能的起重船来完成相应的作业。船舶就位后，等待退潮或者通过自身的压载系统将船体降到海底并压实，并通过锚泊系统定位，再进行风机的吊装作业。此类风电安装船通常采用驳船形式，稳定性好，但移船速度慢，船底结构的设计需要考虑坐底的需求。

2021年，国内将载重量10 000 t的半潜甲板驳"铁建潜01"改装成了坐底式风电安装船，参与海上风机安装施工，如图2-9所示。

2. 自升平台型

在传统的自升式平台上配备能够起吊风机部件的起重机，从而可满足海上

图 2 - 9 "铁建潜 01"坐底式风电安装船

风机分体安装需求。自升平台型风电安装船通常配备有 4 根或 6 根桩腿,到达现场后靠自重将桩腿插入海底,形成固定支撑的作业平台,再通过升降装置抬升船体完全露出水面,使主船体不受波浪影响,并利用平台上的全回转起重机完成对风机部件的吊装。

自升式平台的甲板开阔,易于装载风机,作业稳定性好,并且其结构相对简单、造价相对较低。这类船型作业窗口期长,适合于导管架桩基础的风机安装,但拼装时间长、工序多、对作业面积要求高,可一体化解决风机安装的众多问题。对于单桩式基础的安装,只需在平台上再配备一套打桩机即可。

不过这类自升平台通常没有自航设备,需要依靠拖船将其拖到指定位置,机动性差,并且要在平静海况下才能拖曳,导致其在现场不同风机点之间的转场时间较长,操纵不便,安装效率不高,若遇到极端恶劣天气,也不能快速地撤离现场。

3. 自航自升桩腿式船型

自航自升桩腿式安装船型兼具自升平台和浮式船舶的优点,专门为风电安装设计。与之前的船型相比,该船型具备了一定的航速和较好的操纵性能,除了能自己航行到工作地点外,还能在暴风雨来临前快速撤离到安全区域。船上配备专门用于风机安装的大型起重机,有的还配备打桩设备。

这一代船型采用板壳式桩腿,结构形式简单,所占船体面积较小,桩腿的驱动方式为液压插销式,优势是结构简单、支持能力强、使用寿命相对较长,可以在相对恶劣的海况下稳定工作,但其作业水深通常小于 50 m。

该船型具有较大的甲板空间,可一次携带多套风机和施工设备。由于多数船配备了主推进螺旋桨和侧推,其自航航速可达到 8～10 kn。有些船还具有动力定位能力,可不依赖拖船或锚泊定位的传统作业方式,单独完成海上作业,这就缩短了作业周期,提高了作业效率。

该船型具有机动性、稳定性、高效性的优点,相对应地其建造成本也高。

"Mayflower Resolution"是典型的第三代风电安装船,如图 2-10 所示。

图 2-10 "Mayflower Resolution"风电安装船

4. 自航自升桁架式桩腿船型

第四代的风电安装船船型基本与第三代相似,但作业水深和起重能力与第三代相比则大了很多,并在设计上对各系统的作业效率和安全性进行了大幅改进和提升,使作业适应性和灵活性得到大幅提高,能够单独、安全、高效地完成海上风电安装工程。

为了满足更大的作业水深要求,这一代船型采用桁架式桩腿,从而受风浪面积小,重量小,驱动方式为齿轮齿条式,优势是结构重量轻、升降速度快,但造价相对较高,目前超过 60 m 水深的作业平台基本都采用此类桩腿和升降系统;甲板空间宽敞,设计可变载荷超过 8 000 t,能够装载更多的风机和设备;航速提高到 10～13 kn,动力定位系统成了标准配置。

图 2-11 所示为"Voltaire"风电安装船,总长为 169.3 m,型宽为 7.5 m,型深有 14.6 m,最大起重能力达 3 200 t。

图 2-11 "Voltaire"风电安装船

2.2.2 风电安装船主要技术特征和关键设备

1. 起重机及作业能力

起重机是海上风电安装船的关键设备。目前风电安装船的起重机主要有两种:一种是全回转式起重机;另一种是绕桩式起重机,将起重机放在平台尾部的某一个桩腿的升桩机构室上面,桩腿从起重机的中心穿过,图 2-12 中的"白鹤滩"就配有绕桩吊。

绕桩式起重机将起重机作业时受桩腿的影响降低到最小,也大大提高了甲板的利用率。由于绕桩式起重机直接安装在桩腿的升降机构室上,省去了部分底部筒体结构,整体总重量也较常规全回转起重机小。

风电安装船的起重机的主要参数有安全起重量、起升速度、作业高度和幅度。

起重机的安全工作负荷是指经正确安装的起重机设备在设计作业工况下证明能吊运的最大静载荷。在安全工作负荷基础上,根据对吊装物件特征、吊装方

图 2-12 "白鹤滩"风电安装船

案和工作类型分析,确定起重机的安全起重量。安全起重量是起重机的主要参数之一。

起重高度是风电安装船设计的一个重要指标。随着风电安装由沿海向近海、深海进发,以及风电机组的大型化发展,对海上风机起重高度的要求越来越高。风电安装起重机的作业高度是指臂架位于最大仰角并且吊钩在最高位置时,吊钩与甲板面之间的垂直距离。作业幅度是起重机的另一重要指标,是指当船舶处于静水中并且正浮时,吊钩距离船体轮廓边缘或者回转轴线的水平距离。对于风电安装起重机,作业幅度可以从旋转中心开始计算,也可以从船舷旁算起,还可以从起重机底部超过船舷的突出物边缘算起。对固定臂架式风电安装起重机,作业幅度通常指吊钩到船舷边缘的水平距离。

风电安装船的起重机的安全起重量、作业高度和幅度决定了可以吊装风机的量级。

2. 桩定位设备与作业水深

作业水深是风电安装船的主要技术指标,随着海上风电产业的发展,风电安装船工作海域正逐渐从滩涂、沿海、近海向深海发展。为实现风电安装船在不同水深作业,必须用可靠的定位设备进行有效、经济的定位。在海上风电发展的现阶段,主要定位方式是桩定位。桩定位设备由桩腿、桩靴和升降机构组成。

3. 桩腿和桩靴

桩腿数量及结构形式的确定要综合考虑作业水深、作业能力、船体结构形式、船体尺寸等因素,一般对于海上风机安装船来说,桩腿数量为 4～6 根,形式有板壳式和桁架式等,板壳式桩腿按截面形状又分为圆柱形和方形。

板壳式桩腿结构设计与制造相对简单,从构造上来看,其上部桩腿结构由桩腿外壳板和加强构件组成,桩腿外部有销孔,与液压插销升降装置相匹配,能承受很大的载荷,且插销间载荷分布较均匀;下部桩腿结构可直接插入桩靴直至桩靴底部,能够直接将载荷有效传递到海床。相比桁架式桩腿,其占用主船体的空间小,同样尺度的船体可具有更大的甲板面积,但板壳式桩腿承受的风浪流载荷及自身重量相比桁架式桩腿更大,考虑环境载荷影响和可变载荷需求,一般大作业水深的风电安装船不采用板壳式桩腿。

对离岸较远、水深较大的风电场建设,考虑所处水域的作业环境载荷,往往会考虑采用构件尺寸小、重量相对较轻的桁架式桩腿,如图 2-13 所示。桁架式桩腿的上部结构由弦杆、连接弦杆的水平杆和斜撑杆组成,相互之间以 K、T、Y 形节点为主,弦杆上有齿条,各弦杆和撑杆之间空隙大,受风、流、波浪的影响较小;下部结构受力通过弦杆传递到桩靴底部,弦杆间的受力传递不像壳体式桩腿传递那样均匀,因此容易产生变形,故对桩靴结构要求更高。桁架式桩腿因弦杆间距较壳体式桩腿结构的直径更大,围井空间需要占用更多的船体空间,会损失一定的甲板面积;并且杆件节点较多,焊接制造相对复杂。

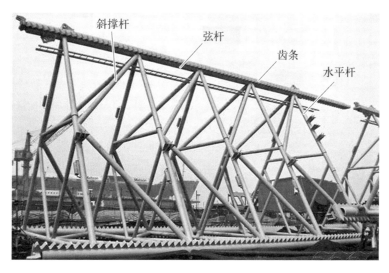

图 2-13 桁架式桩腿

板壳式桩腿及桁架式桩腿均可采用齿轮齿条的升降系统,由于风电安装船的起重机作业需要特别考虑集中载荷工况和风暴载荷工况,每个小齿轮的受力不均,为避免小齿轮受力不均,还需设置锁紧装置,详见定位移位技术与装备相关章节。

为提高作业效率,要求海上风电安装船能够在不同风机之间较快地移动,在满足安全要求基础上插桩不宜过深,因此桩靴的大小、形式选择是海上风机安装船设计的重要内容,其设计要依据规范要求进行结构强度校核,参见特种结构设计相关章节。

4. 升降装置

风电安装船上的升降装置的基本功能有:第一,船漂浮时升降定位桩;第二,桩在海底定位时升降船体。升降装置的安全可靠是海上风机安装船安全作业的保证。风电安装船常见的升降装置有液压插销式升降装置和齿轮齿条式升降装置两种。前者多用于作业水深在 50 m 以内的自航自升风机安装船,后者目前广泛应用于水深 50 m 以上的第四代风机安装船。

以一次风机安装过程为例,自升式风电安装船的主要工况和流程如图 2 - 14 所示。

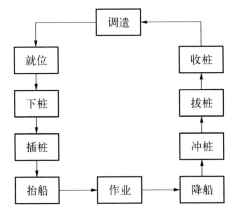

图 2 - 14　自升式风电安装船的作业流程

1) 调遣工况

自升式风电安装船的调遣可分为自航、拖航、辅助推进等方式。调遣时风电安装船处于漂浮状态,桩腿全部升起,桩靴回收至船体内,此工况下的船体受风面积大、重心高、惯性矩大,对船舶的稳性和结构强度影响很大[9]。

2) 下桩工况

自升式风电安装船调遣至工位后,调整好浮态,将下放桩腿到离海底几米的地方,此时船舶仍处于漂浮状态,但桩腿在水中的长度、浮心和惯性矩等随着桩腿下降而逐渐变化,桩腿所受的波浪载荷、流载荷和惯性载荷不断增加,桩腿和船体连接处将受到较大的载荷作用。

3）插/拔桩工况

自升式风电安装船插桩前需对目标海域的地基进行调研,确保地基承载力和地层结构满足插桩要求。插桩作业则是船舶在就位下桩后,迅速将桩腿桩靴下放至海底,并进行升船准备。拔桩则是插桩的反过程,往往会采用高压水冲桩,冲洗掉附在桩靴上的泥土,减小桩靴上的压载和吸附载荷,实现快速拔桩。考虑风电安装船的快速、安全、高精度定位和移位,插/拔桩工况对环境条件的要求较高。

4）预压工况

风电安装船插桩后,通过升降装置将船体抬离水面。为增加平台的稳定性,减小桩腿刺穿底层或下陷倾斜导致船体倾覆的风险,在船体抬离水面较小距离后将进行预压作业。风电安装船通常采用对角线压桩方法,即通过升降装置将一对角线上的桩腿放松,减小其上的支撑载荷,让另一对角线上的两个桩腿承受较大的压载直到其受力达到预定值,待稳定一段时间后通过相同操作对另一对桩腿进行预压。从而通过反复对角线加载将海底的地基压实,保证桩腿的稳定支撑。

5）站立工况

自升式风电安装船预压后根据作业吊高要求将进一步抬升船体。根据作业状态和环境条件的不同,可将站立工况分成站立起重机不吊重工况、站立起重机主钩工作工况和站立风暴自存工况等。对于站立工况,必须对风电安装船站立状态的稳性,包括抗倾稳性和抗滑稳性进行分析和校核。

2.2.3 风电安装船的发展历程和趋势

1991 年,丹麦在洛兰岛附近的低水位海域建成了世界上第一个海上风电场,到现在,海上风电安装船的发展过程经历了前述三个阶段四代的发展。

海上风电场的发展初期,基本选择在潮涧带、浅滩开展建设,水深在 0～10 m,单机发电功率在 3 MW 以下时,风机的最大轮毂安装高度不超过 80 m。风机重量较小,对起重机的要求很低,起重能力约为 300 t,还常坐滩作业,此时往往利用已有的起重船和拖船、驳船联合作业,完成安装任务。

随着相关技术的发展和风机发电规模增大,单台风机功率达到了 3～5 MW,轮毂安装高度也达到了 100 m。此时,3 MW 以下的小型风机基本考虑整体安装,3 MW 以上的风机也考虑采用较少组装步骤的分体安装,这对起重船的作业能力要求大大提高,而且多船联合作业窗口期短、效率低,所以目前很少使用以起重船为主的多船联合作业方式。

当风电场水深增加至 20 m 左右时,作业海况变差,为减少风浪对作业的影响,海上风机的安装船型出现了自升式。因此第二阶段的风机安装船就是一种具有自升功能的驳船或平台,但不具有自航功能。目前,自升平台式风电安装船仍是海上风电安装的主力。德国 Hochtief Solutions 公司设计的"Thor"属于典型的第二代风机安装船,如图 2-15 所示,它采用圆柱形桩腿,液压升降装置,船长为 93 m,型宽为 40 m,吃水为 7.5 m,露天甲板面积为 1 850 m²,载重量为 2 500 t,桩腿长为 82 m,直径为 3.7 m。

图 2-15 "Thor"风电安装船

随着风机的不断大型化以及向深水发展,为增加恶劣天气下的作业天数,欧洲开发了集升降、运输、安装等多种功能于一体的第三代专用风电安装船,兼具自升平台和航行船舶优点,具有较大的甲板面积,能一次运载并安装更多的风机,从而可减少对本地港口的依赖。作业能力的提升改变了风机安装方式并提高了作业效率。我国山海关船厂为欧洲公司建造的"Mayflower Resolution"是首艘第三代风电安装专用船,它拥有 6 根桩腿,船长为 130 m,型宽为 38 m,型深为 8 m,最大装载能力达 7 200 t,兼具塔架、机舱、叶片和基础安装功能,具有较大的可变载荷,可以一次运载 10 台 3.5 MW 的风机,能够在安装海上风机时升至离海面 3~46 m,允许的风机塔架最大高度和叶片最大直径均为 100 m。

与第一、二代风电安装船相比,第三代风电安装船除具备高起重能力、大工作甲板、高甲板负荷等特点外,还具备了自航和动力定位能力。

随着水深的进一步加大,风电场设置区域进入"水深 60 m,离岸 60 km"时代,为应对大水深及恶劣环境作业条件,出现了在第三代基础上改良而来的第四代风机安装船,其典型代表是"PacificOrca",该船装有 6 根 105 m 长的桁架式桩腿,最大工作水深可达 75 m,并配有 1 200 t 的绕桩式起重机,甲板作业面积约 4 300 m²,可一次携带 12 套 3.6 MW 的风机。该船自航航速达到了 13.5 kn,动力定位级别达到 DP2 级。

2010 年,我国在上海东海大桥建成的第一个海上风电场,它的 36 台海上风机安装任务是由 2×1 200 t 起重船"四航奋进"、专用风机运输驳船"三航驳 601"联合完成。

伴随着我国海上风力发电的迅猛发展,海上风电场中开始出现新建或改装的专业化和半专业化海上风机安装船,先后涌现了一批具有代表性的自主研发船型。

针对我国潮涧带风电场的建设,国内建造了"海洋 36"和"龙源振华壹号"两艘专门的风机安装船。这两艘船属于第一代风机安装船,采用坐滩作业模式。

2012 年,我国首艘也是亚洲第一艘的专用自升式海上风电安装平台"华电 1001"建造完成。"华电 1001"船长为 89 m,船宽为 39 m,采用 4 根圆柱形桩腿,驱动方式为液压插销式,起重能力为 700 t,工作水深为 25 m。

2014 年 6 月,我国自主研发的"龙源振华贰号"顺利交付,该自升式海上风电安装平台长为 76.8 m,船宽为 42 m,采用 4 根圆柱形桩腿,驱动方式为齿轮齿条式,起重能力为 800 t,工作水深达 30 m。

这两艘自升式海上风电安装平台都是我国典型的第二代风机安装船。之后我国自行设计建造了大量第三代风电安装船。部分风电安装船如表 2-4 所示。

表 2-4 我国部分风电安装船

船　　　名	船长/m	型宽/m	型深/m	吃水/m	起重能力/t
龙源振华壹号	99	43.2	6.5	4	800
龙源振华贰号	76.8	42	6	3.4	800

（续表）

船　　名	船长/m	型宽/m	型深/m	吃水/m	起重能力/t
龙源振华叁号	100.8	43.2	8.4	5.8	2 000
龙源振华陆号	100	48	14	9	2 500
三航风和	90	40.8	7.2	—	1 200
三航风华	81.6	40.8	7.2	4.9	1 000
三航工5	100	40	7	2.8	320
三航风范	96	40.5	7.8	4.3	2 400
海电运维801	78	40		4.6	600
大桥福船	108.5	40.8	7.8	4.6	1 000
福船三峡	108.5	40.8	7.8	4.5	1 000
瓯洋001	75.6	39.6	6.8	4.5	500
海洋风电36	89.4	36	5	—	350
海洋风电38	89.62	36	5	—	250
海洋风电68	85.8	40	7	5.2	800
海洋风电69	85.8	40	7	4.8	500
海洋风电79	110.4	42	8.5	5.3	1 200
港航平9	118.8	42	6.8	4.2	1 200
海龙兴业号	94.5	43.3	7.6	4.7	1 200
精铟1号	85.8	40	7	4.8	800
华尔辰	96	50	6.8	5	1 200
华祥龙	130	40	9	6	1 200
能建广火	75.6	39.6	7	4.6	600
群力	132.6	42	9	6	1 200

（续表）

船　　名	船长/m	型宽/m	型深/m	吃水/m	起重能力/t
德建	132.1	41.3	9	—	1 200
中船海工 101	93	41	7	4.8	1 000
铁建风电 01	105	42	8.5	—	1 300
铁建潜 01	78.6	40	6	4.8	1 000
国电投 001 号	100	40	8		800
力雅号	59.6	32.2	5	3.55	400
华电 1001	89.9	39	6.6	3.3	700
华电稳强	120	38	6.8	3.8	600
亨通一航	79	38	6.8	—	650
长德	111.8	50	9	6	—
海龙风电	118	38.4	6.6	4	600
道达	103.2	51.6	9		
白鹤滩	126	50	10	—	2 000

　　据统计,欧洲与亚洲仍是全球海上风电主力市场,其中,英国、德国、中国、丹麦、比利时等国是海上风电装机量较大的国家。从 2011 年开始,我国的海上风电安装船发展迅猛,最近几年更是以每年 5 艘的速度建造,目前我国共有约 42 艘专用风电安装船,约占世界的 50%,并有多艘第四代风电安装船在建,起重能力超过 2 000 t,以满足更大水深的风电安装需求[10,11]。中国船舶及海洋工程设计研究院和上海振华重工(集团)股份有限公司等为我国的风电安装船设计和建造做出了重大贡献。

2.3 半潜船

　　半潜船是一种特种工程船,因其装卸作业时需将甲板潜入水下而得名,能够运载大型海上石油钻井平台、非自航疏浚船、大型舰船、潜艇、龙门吊、预制桥梁构件等超长超重但又无法分割吊运的超大型设备。因此半潜船相比其他运输船,具有长宽比相对小、甲板面积大、甲板设计载荷高的特点[12]。为了具有合适的操纵性能,半潜船通常采用双桨或者多桨推进,船首还配有一个或多个侧向推进器。

半潜船工作时,通过调整自身的压载水,将主甲板没入水下,再将装运结构物拖到主甲板上方,之后再将压载水排出船外使船体上浮,并将货物托出水面,绑扎固定后即可起航运输。到达目的地后的卸货操作则与上述过程相反。因此半潜船上没有传统意义的货舱,而是配置大量的压载舱和高效的压载控制系统[13]。

2.3.1 半潜船分类

半潜船甲板上的船楼和高耸结构通常称为"岛",这是半潜船最显著的外观特征,目前对半潜船最常用的分类方法就是根据岛的数量进行划分,可分为二岛式、三岛式和四岛式。

早期的半潜船由散货船、油船等运输货船改装而成,通过加大主尺度,将装货区域的大部分结构切除,替换成新的较原船干舷低、承载能力强的载货甲板,下沉后水面上仅剩分布在艏艉部的上层建筑,依靠它们提供稳性支持和浮力储备,因此称为二岛式,如图 2－16 所示。

图 2－16　二岛式半潜船

甲板面积和甲板装载能力决定了装载货物的重量和尺寸,它们是半潜船的重要技术参数,二岛式半潜船由于艏艉甲板结构的存在使得装载货物的长度受限,因此 1999 年后新建的半潜船多采用三岛式,即艏部设计成高耸的艏楼,上面配置船员住舱和驾驶室,艉部左右两舷分别配置一个浮箱,从而在艏楼往后具有更长的贯穿甲板,可以装载尺寸更大的货物,如图 2‐17 所示。

图 2‐17　三岛式半潜船

此外还有四岛式,即船舶下潜后露出水面的是分布在船首尾两舷的四个岛,生活区域和驾驶室布置在面积较大的一个岛上,类似航空母舰的舰岛,而其余三个岛通常由一个或多个浮箱构成,如"Boka Vanguard"在船首左舷处设计了两个紧邻的浮箱结构,视为一个岛,此种船型首尾甲板完全贯穿,能更好地满足日趋大型化的海洋结构物的运输需求,如图 2‐18 所示。

半潜船的主要功能是运输重大结构件,因此亦可参照一般运输货船的分类方法,即按照载重量进行分类,根据荷兰 Dockwise 公司(2013 年由 Boskalis 公司收购,2018 年并入 Boskalis 公司品牌)的半潜船船队划分方式,载重量超过8 万吨的为 0 型,载重量在 5~8 万吨之间的为 Ⅰ 型,载重量 3~5 万吨的为 Ⅱ型,载重量 1~3 万吨的为 Ⅲ 型,载重小于 1 万吨的则统归为 Ⅳ 型。

2.3.2　半潜船的主要技术特征

半潜船因其运载货物和装卸方式的特殊性,除了具有载重量大、甲板面积大等特点外,设计中还要考虑以下一些技术特征。

图 2-18　四岛式半潜船

1）沉浮稳性

半潜船装卸货物时,主船体将会完全浸没在水中,仅艏艉的"岛"部分露出水面,水线面很小,因此对沉浮过程的稳性要求很高,一些船级社为此制定相关的法规和规范;并且在设计半潜船时,就须制订规范科学的沉浮操作手册,充分考虑设备故障、人为失误、天气等因素影响,从操作流程上尽可能规避各种风险,并预先计算船舶沉浮作业各个步骤的工况,校核相关稳性和船舶强度。实际操作时工作人员需严格按照操作手册执行。

2）总纵强度

半潜船船型特殊,船长较大,按规范要求需要校核其总纵强度,设计时需考虑静水弯矩和波浪载荷对总纵强度的影响。

半潜船由于在艏艉部布置箱型结构,空载状态下在静水中通常处于中拱状态,即中拱弯矩大于中垂弯矩。对于带货航行状态,其静水弯矩的大小与所装载货物、上船方式和压载水的配置等密切相关,因此设计过程中如何有效降低静水弯矩是满足总纵强度要求的关键因素之一。除了船体结构优化设计之外,在使用过程中,根据所装货物对压载水进行优化配载,控制重心位置和重量分布,可实现对船体总纵强度和变形的控制。

对于某些有结构变形特殊要求的货物,如大长度的预制隧道沉管等,需要及时监测船体梁和货物的变形及弯矩,通过压载水调配实现重量的纵向优化分布,以满足强度和变形的要求。

3）运动响应和绑扎

龙门吊、集装箱吊、大型桥梁的钢架构件、发电设备、核反应堆、大型塔架、各种船舶和海洋平台、深海网箱、军事装备等,半潜船所运载的货物种类繁多。运载货物尺度越大、重心越高,对半潜船在波浪中的运动性能影响越大,特别是横摇运动。

一般对于半潜船都要进行波浪中的运动响应分析,进而根据分析结果对货物进行绑扎设计,以保证运载过程中的货物和船舶安全。对于大型复杂的运载结构物,还要根据其结构强度特点进行局部支撑或局部固定设计,甚至有的半潜船还会采用主动减摇水舱或减摇鳍来改善波浪中的运动响应。

4）定位能力

半潜船在海洋环境中将会受到风、浪、流的联合作用,使船体偏离目标位置。因此新建的半潜船通常都配置动力定位系统,以抵抗纵荡、横荡和首摇等三个方向上的环境载荷,减小船体低频运动,使半潜船的平面位移和首向角限制在一定的范围内,满足作业过程的定位要求[14]。

半潜船的沉浮作业环境条件一般为蒲氏 6 级风(风速为 $10.8 \sim 13.8$ m/s),有义波高为 0.5 m,动力定位能力最低要求应该超过下潜及上浮作业的环境条件,一般情况下大型半潜船动力定位系统设计环境条件取最大风速为 13.8 m/s、流速为 2 kn、有义波高为 2 m,再根据确定的动力定位等级和故障模式分析,计算分析动力定位能力,从而确定动力定位系统配置[15]。

2.3.3 半潜船的作业流程与关键设备

1. 主要作业流程

半潜船具有多种装卸货方式,除了前述特有的通过快速调节压载的沉浮装卸货物方式,还有滚装、滑装和浮托装卸等作业方式。

半潜船滚装作业通过自行平板车或牵引式行走装置将货物从码头运上装货甲板,可分为艉滚作业和侧滚作业。此作业方式要求装货码头和半潜船的装货甲板基本齐平,需要根据情况,在作业时不断调整压载水,以保持装货甲板与码头齐平。同时还需要不断调整半潜船的出缆长度,保证船体在吃水变化情况下始终贴紧码头。

半潜运输船滑装作业需要在装货甲板上安装滑轨,通过液压顶推装置将货物从半潜船尾部或侧方推到装货甲板上,整个作业过程中也需要不断调整压载水以保持浮态和稳性。实际上大型货物常采用滑移方式装卸,对半潜船来说有舷侧向装货和船尾部装货两种滑装方式。侧向滑移装货时,半潜运输船将载货甲板舷侧与码头对接,货物通过滑道从码头横向滑移上船。这种滑装方式对半潜船尺度、压载系统等方面有很高的要求,以确保装船过程中的安全;艉部滑移装货时,半潜船将船尾方向的甲板与码头对接,货物通过滑道从半潜船尾部装船,艉部甲板上的浮箱可根据装货的需要部分或全部移除。目前较多采用艉部滑装方式。

浮托法是海洋平台特别是导管架平台的一种独特的安装/拆除方式,首先利用半潜船将海洋平台甲板模块运输到基座上方,通过压载水调载与升降机构等方式实现甲板模块的升降,同时辅以专用连接部件,完成甲板模块与下部支撑结构的对接。

2. 关键设备

1) 浮箱

在半潜船下沉起浮过程中,浮箱为保证稳性安全发挥了关键作用。浮箱可以调整和保持沉浮的姿态、提供储备浮力和必需的水线面面积,是半潜船的关键设备之一。

由于现在液压移动技术的快速发展和日渐成熟,很多半潜运输船设置了可移动式浮箱。这类浮箱采用焊接或螺栓与主甲板连接,当需要改变浮箱在甲板上的位置时,先解除连接螺栓或切割焊接部位,再通过滑移装置将浮箱移动到其他位置,有条件的港口码头也可以通过吊机进行移位。可移动式浮箱在载运海洋平台等特殊货物时,具有载货操作方便的优势,因而具有更强的市场竞争力。

为提高甲板的有效作业面积、提升装卸效率以及保护浮箱结构安全,一些半潜船还在甲板的特定区域设置了浮箱存放位置。

2) 压载系统

半潜船通过吸入或排出压载水来控制船舶的下沉和上浮,根据货物的不同,往往一次要泵送几万吨甚至十几万吨的压载水,因此对压载系统及其控制系统的容量和效率提出了极高的要求,半潜船压载系统的管系较一般船舶也要复杂得多。详见后续相关章节。

3) 推进系统

半潜船的主要功能是进行远距离非常规大件货的运输,运输经济性指标是设计时要考虑的重要因素;半潜船也常用浮托法安装大型海洋结构物,对定位能力也有一定的要求,因此推进系统的设计也是半潜船设计时要考虑的重要因素。

近几十年来,船舶电力推进在机动性、可靠性、运行效率和推进功率等方面都取得了突破性的进展,由于半潜船特殊的作业特点,相比传统的主机直接驱动螺旋桨推进的方式,电力推进改变了柴油机和推进器之间的布置关系,具有明显的优势,在半潜船上的应用越来越广泛,相应的吊舱推进器在半潜船上的应用也越来越多,它可兼顾航行运输和动力定位工况,特别是动力定位等级高的半潜船基本都采用吊舱推进器。

吊舱推进器一般由驱动电机、螺旋桨、水平转动机构以及冷却装置等组成,如图 2 - 19 所示。驱动电机主要是永磁电机,安装在水下吊舱内,螺旋桨由电机直接驱动。此类推进器具有多个优点:省去了常规推进系统的轴系、支架和舵等构件,结构紧凑、重量大大减小;对空间要求低,可以安装在船体的任何位置,布置灵活性高;可以 360° 自由旋转,配合艏侧推进和动力定位系统,可以实现船舶平移、原地回转等平面运动和精确定位;简化了船体线形和局部结构设计;没有轴系影响来流,螺旋桨伴流得到改善,推进效率高,与常规的轴系螺旋桨相比,其推进效率可提高 10% 左右。

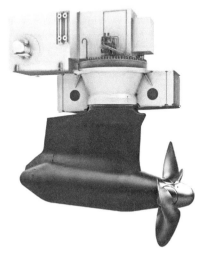

图 2 - 19　吊舱推进器

2.3.4　半潜船的发展历程和趋势

1979 年日本住友重工为荷兰 Wijsmuller 公司成功制造"Super Servant 1"半潜船,它是世界上第一艘自航式半潜船,总长为 139.91 m,船宽为 32.31 m,吃水为 8.51 m,载重量为 14 310 t,最大下潜吃水可达 15 m。

早期的半潜船多由散货船或油船改造而来,保留原船的大部分结构,并消减原船货仓上部结构、增加纵向结构、改造压载系统等,将运输船改造成了半潜船,改建后具有较低的平直载货甲板和较高的艏艉楼结构,部分船舶还增加原船的船体尺度。但是受到原船结构尺寸及布置的限制,这类船舶下潜深度往往不大。

新建的半潜船在很多地方进行了优化设计,生活区和上层建筑一般布置在艏楼,其优点是装载超高超大货物时,驾驶室前方视线不会受到货物影响。

随着海洋结构物大型化的发展,为了运输更大、更重的货物,20 世纪 80 年代新建的半潜船多采用三岛式,生活区和上层建筑一般布置在艏楼,艏楼后方是大面积开敞式平直甲板,便于装卸货物,艉部设置浮箱。Wijsmuller 公司在 1983 年开始建造的 Mighty Servant 系列船,甚至采用了可移动式的艉部浮箱,通过轨道移动浮箱,可使艉部甲板形成一个很大的无障碍区域,从而可以装载超常规尺寸的货物.图2-20所示为"Mighty Servant 1"半潜船,主尺度如表2-5所示。

图2-20 "Mighty Servant 1"半潜船

表2-5 Dockwise航运公司所拥有的半潜船

船　　名	船长/m	型宽/m	型深/m	设计吃水/m	甲板面积/m×m	载重量/t	航行速度/kn
BOKA Vanguard	275.00	70.00/78.75	15.50	10.94	275.00×70.00	115 175	14.5
Blue Marlin	224.80	63.00	13.30	10.24	178.20×63.00	76 292	13.0
White Marlin	216.70	63.00	13.00	10.00	177.60×63.00	72 146	14.5
Black Marlin	217.80	42.00	13.30	10.08	178.2×42.00	57 021	14.5
Triumph	216.79	44.50	14.00	10.44	130.00×44.50	54 000	15.00
Trustee	216.79	44.50	14.00	10.44	130.00×44.5	54 000	15.00
Mighty Servant 1	190.03	50.00	12.00	8.77	150.00×50.00	40 910	13.00
Mighty Servant 3	181.23	40.00	12.00	9.48	140.00×40.00	27 720	15.00
Forte	216.75	43.00	13.00	9.68	177.60×43.00	50 000	14.00

（续表）

船　名	船长/m	型宽/m	型深/m	设计吃水/m	甲板面积/m×m	载重量/t	航行速度/kn
Transshelf	173.00	40.00	12.00	8.80	132.00×40.00	34 030	15.5
Target	216.79	44.50	14.00	10.44	130.00×44.50	54 000	15.00

荷兰是世界上第一个完全掌握自航式半潜运输船技术的国家[16]。1994 年 Wijsmuller 公司与 Dock Express 公司合并组成了 Dockwise 航运公司，拥有世界上最多的半潜船。Boscalis 公司收购 Dockwise 公司后，成为世界上最大的超大型装备海上特种运输供应商，该公司目前拥有 11 艘半潜船（见表 2-5），包括目前世界上最大的超大型半潜船"Boka Vanguard"，它无艏楼，上层建筑设置在舷侧，船长为 275 m，型宽为 70 m，型深为 15.5 m，沉深为 31 m，配有 4 个可移动的浮箱，由于浮箱布置在型宽以外，最大船宽达到 78.75 m，其甲板面积为了 19 250 m²，载重量为 116 175 t，总装机功率为 28 500 kW，配备动力定位系统，它是目前世界上唯一的一艘四岛式半潜运输船（见图 2-18），其四岛型的创新概念推动了此类船型的进一步发展，该船于 2013 年投入营运。

我国的半潜船研制工作起步较晚，2000 年之前主要是从国外购买，2002 年自主建造了第一艘自航式半潜运输船"泰安口"，其后发展迅速，目前已经成为继荷兰之后世界上第二个拥有全系列半潜船型号且自主掌握半潜船设计和建造技术的国家。

中远海运公司是我国拥有半潜船最多的公司，目前有 9 艘半潜船在营运（见表 2-6），其中"新光华"是目前世界上第二、我国最大的半潜船，总装机功率为 21 000 kW，配备 DP2 动力定位，是全球最大的具备 DP2 动力定位能力的半潜船。全船有 118 个压载水舱，每一个压载水舱都有一个阀门直接通向海底，可通过船上的控制系统打开相应压载舱的海底阀门，实现重力式压排载，可在 6 小时内下潜 30.5 m（见图 2-21）。2021 年，该公司建造了"祥安口"，配备船舶智能系统，可根据海况及船舶状态为航行运营收集数据和提供决策参考，是我国建造的首艘安装了船舶智能系统的特种半潜船。

我国的其他一些公司亦拥有大型半潜船，如振华重工公司拥有"振华 22""振华 31"等 7 艘系列半潜船，中交国际航运公司拥有"发展之路"和"希望之路" 2 艘自航式半潜船、广州打捞局拥有"华海龙""华洋龙""华兴龙"和"华盛龙"半潜船，中海油公司拥有"海洋石油 278"5 万吨级自航式半潜船等。目前我国的

图 2-21 "新光华"半潜船

表 2-6 中远海运公司所拥有的半潜船

船名	船长 /m	型宽 /m	型深 /m	载重量 /t	甲板面积 /m×m	动力定位	航行速度/kn	最大吃水/m	建造年份
新光华	250.2	68.0	14.5	98 000	208.4× 68.0	DP-2	13.5	30.5	2016
新耀华	250.2	57.0	14.5	80 000	211.2× 57	DP-2	14.5	30.5	2022
祥安口	212.5	43.0	13.0	48 430	177.6× 43.0	DP-2	13.5	26.0	2021
祥和口	212.1	43.0	13.0	48 163	177.6× 43.0	DP-2	13.5	26.0	2015
祥瑞口	212.7	43.0	13.0	48 232	177.6× 43.0	DP-2	13.5	26.0	2011
祥云口	212.7	43.0	13.0	48 232	177.6× 43.0	DP-2	13.5	19.0	2011
致远口	185.2	41.5	12.0	38 000	153.6× 41.5	DP-1	12	—	2018
康盛口	145.0	36.0	10.0	20 131	125× 36.0	—	13.5	17.0	2003
泰安口	145.0	36.0	10.0	20 131	125.0× 36	DP-2	13.5	19.0	2002

半潜船实现了 2 万吨到 10 万吨运力覆盖,正在营运的大型半潜船数量占全世界的一半。

除了运输重大结构物,目前的半潜船正向多功能作业发展,如利用多条半潜船配合开展浮托法安装、拆卸导管架平台。通过两艘或三艘半潜船配合实现导管架平台的拆除安装,其中两艘半潜船上配置 8～10 根巨型起重臂以及 DP3 动力定位系统,可实现 2 万吨的超大起重能力,其导管架平台上部模块拆除原理与前述的"Pioneering Spirit"作业原理相似,如图 2‑22 所示。我国还曾于 2019 年在黄海利用半潜船发射了卫星,一箭七星,如图 2‑23 所示。

图 2‑22　半潜船联合起重施工

图 2‑23　火箭发射平台半潜船

2.4 浮船坞

　　船坞一般分为干船坞和浮船坞两类,干船坞通常建造在濒临水域的陆地上,三面接陆一面临水,浮船坞则是浮于水面可以移动的船坞,属于工程船舶的一种,要满足大型船舶的基本特性如浮性和稳性要求等,对于具有自航能力的浮船坞,还有快速性要求。

　　浮船坞主要由左右两侧的坞墙和底部箱型浮体组成,用于提供维修空间和浮力,其他主要构件还包括飞桥、辅助装置和辅助机械、起吊设备、锚泊装置以及动力装置等,如图 2-24 所示。浮船坞两端开敞,纵向看去其主体就像一个"凹"字,凹槽空间可以容下整艘待修建的船舶。通过浮船坞,能够完成浮式结构物水下部分的检查、保养和维修工作,能够引渡吃水较大的船舶通过浅水区域,能够像半潜船一样完成海底打捞作业等。在军事用途上,浮船坞对舰艇的维修保障具有不可替代的作用。

图 2-24　典型浮船坞

　　浮船坞的机动性和应急反应强,可以通过拖轮辅助或自航调遣到待修船舶处就地维修,减少了将待修船舶运回的工程、大大缩短了待修船舶在路上的时间。其早期主要用在军事上,主要用于保障海军舰艇的维修及技术服务,维持舰艇的出航率。相比干船坞,浮船坞不占土地、总投资少、建造周期短,适应性也更强,只要作业水深满足浮船坞的沉深要求,水位的变化对其本身和修理工作没有影响。

2.4.1 浮船坞分类

浮船坞按能力大小可分为举力 4 000 t 以下的小型浮船坞、举力 4 000～15 000 t 的中型浮船坞和举力 15 000 t 以上的大型浮船坞等;按调遣状态可分为自航式和非自航式浮船坞;按用途可分为维修用、运输用等;按动力可分为岸电和坞上自设电站;按压载方式又可分为压缩空气式和水泵式等;按坞体结构则主要为整体式、分段式、浮箱式等。在浮船坞的发展过程中,曾出现过多种形式,如单坞墙式浮船坞,因其固有缺点,现已被双坞墙型浮船坞取代。

1. 整体式浮船坞

此类浮船坞的坞墙和浮体为连续、整体式结构,坞墙与浮体刚性连接成一体。因其是一个整体形式的通长体,所以对于总纵强度要求更高。整体式浮船坞在维修自身水下部分时,可在一侧的压载舱内注水以使其倾向一侧,此时另一侧的水下部分就会翘露出水面,便可进行维修。图 2 - 24 所示的就是整体式浮船坞。

2. 分段式浮船坞

此类浮船坞亦称为分体式浮船坞,是由若干分段结构连接而成,每个分段可以看作是一个独立的缩短型整体式浮船坞。

分段式浮船坞的每个分段之间没有永久性的连接,而是采用螺栓等可拆卸的连接方式,能够根据维修船舶的长度选取适当的分段数量,灵活性强。每个分段的长度通常都小于坞体宽度,因此能像维修船舶一样将其放在剩余分段上,以便进行自修、维护和运输。

分段式浮船坞中有一种改进型的三段式浮船坞,将坞体分为艏、舯、艉三段,分段间用焊接或者接板相连,又称子母坞:中间较长的一段称为母坞,两端为子坞,两个子坞可将母坞抬出水面,子坞则可由母坞分别抬出修理,能像分段式浮船坞一样实现自我维修,如图 2 - 25 所示。

由于分段式浮船坞纵向弯矩由坞内所载船体承受,因此不适合用于船长较大、纵向强度不足或是纵向构件部分损坏的船舶。

3. 浮箱式浮船坞

此类型浮船坞也叫作舟桥式浮船坞,或半分段式浮船坞,如图 2 - 26 所示。其坞墙为连续、整体的结构,可保证一定的纵向刚度,水下浮体则是由若干个浮

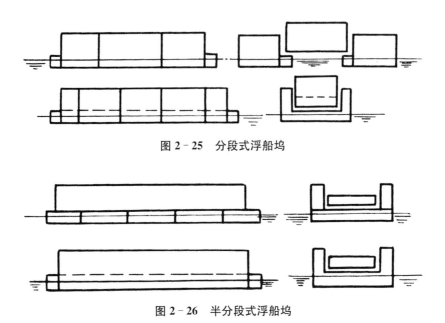

图 2 - 25   分段式浮船坞

图 2 - 26   半分段式浮船坞

箱组成,每个浮箱通常通过螺栓与坞墙连接,可单独从坞墙下分离出来以便进行自身的维修。

4. 船型浮船坞

相比于其他浮船坞简单的几何外形,此类型浮船坞具有自航船的船首和型线,艉部设有可实现水密的尾板,具有自航能力,能够自主快速地接近维修船舶,灵活性强。"华船 1"浮船坞即为此类型浮船坞。

2.4.2   浮船坞主要技术特征

作为一种可容纳整艘待修船舶的海上大型工程船,浮船坞除了与众不同的造型外,还具备其特有的技术特征,其主要技术特征如下。

1. 举力

举力是指浮船坞所能抬举进坞船舶的重量,它是浮船坞的关键指标。浮船坞的大小也是用"举力"这个指标加以区别,举力约在 3 000~4 000 t 者为小型浮船坞,起浮时间小于 1.5 h;举力约在 4 000~15 000 t 者为中型浮船坞,起浮时间为 1.5~2 h;举力大于 15 000 t 者为大型浮船坞,起浮时间约 2~3 h。目前世界上最大的浮船坞,举力为 120 000 t,起浮时间为 3 h。举力与浮船坞自重之比称为举重比,这是衡量一艘浮船坞设计优劣的重要指标。现有浮船坞的举重比处于 0.24~0.65 间,一般为 0.5 左右,对于大型浮船坞,举重比还要偏低一些。

2. 主要尺度及参数

浮船坞的主要尺度参数包括船坞长度(还细分为总长、浮体长度和坞墙长度)、船坞宽度(还细分为浮船坞内宽与内净宽)、船坞浮体的中部高度、型深、工作吃水、排水量、压载水舱容积等。船坞的主要尺度和参数选择要由进坞船舶的船型参数、维修空间、进出坞龙骨墩上的水深、抬船出水所需的举力以及浮船坞本身的强度、布置、性能所决定,决定的过程是一个逐步近似和综合权衡的过程。浮船坞的浮箱和坞墙内的绝大部分体积都用于布置压载舱和泵舱,压载舱和泵舱的划分是浮船坞总体设计的重点,它决定了浮船坞的沉浮性能。国内自行设计的举力约为 120 000 t 的浮船坞其主要尺度和参数:总长为 430 m、浮箱长为 400 m、外坞墙下部型宽为 82 m、外坞墙上部型宽为 84 m、内坞墙型宽为 70 m、浮箱甲板高为 7.5 m、安全甲板高为 16.5 m,它能维修载货量为 50 万吨级大型货船。

3. 初横稳性

由于浮船坞的纵、横倾角均很小,且纵稳性一般不成问题,所以仅需研究它的初横稳性。浮船坞修船作业时有如下 4 种工作状态:空坞状态、抬船工作状态、空坞沉浮过程和抬船沉浮过程,对于前两种状态,浮船坞可能会受到工作海域的突风影响。沉浮过程一般要求在不超过 6 级突风风力,以保证进出坞操作安全。

4. 结构横强度

根据对浮船坞应力特点分析和结构形式比较,对于大型浮船坞,它的纵向应力和横向应力都比较高,采用板架结构比较合理。大型浮船坞的总纵强度按中垂型船,用规范计算校核比较简单,而横向强度处理比较有特点,主要校核浮箱的横向强度。

2.4.3 浮船坞的主要作业流程与关键设备

1. 主要作业流程

浮船坞的工作原理和半潜船类似,当船舶要进入浮船坞维修时,主要步骤如下:

(1) 依次打开各浮船坞压载舱的阀门,在压载舱内注水,使浮船坞逐渐下沉至一定深度,使坞内水深大于待进坞船的吃水,以便待修船舶安全入坞。

(2) 用浮船坞配备的牵引设备将待修船舶牵引进坞内。

(3) 将待修船舶对准中心轴线后,四面系缆固定。

（4）利用压缩空气或水泵排出压载舱内的水，使浮船坞上浮至抬船甲板上的坞墩顶面露出水面。在浮船坞上浮过程中，待修船舶也将坐落于预设在抬船甲板上的坞墩上，其全部出水后即可进行维修。

船舶维修完毕出坞时，操作流程与入坞相反：先向浮船坞压载舱压水使其下沉至一定深度，维修好的船舶逐渐入水并达到自浮状态，当它与浮船坞抬船甲板分离达到安全距离后，再将修好的船舶牵引出浮船坞或让其自行驶出。之后再将浮船坞的压载水排出，使其上浮。

浮船坞在浅水中引渡船舶的过程基本与上述的一样，辅助下水则略有不同。下水时，浮船坞通过调节压载水将抬船甲板调整到和船台齐平，然后建好的船舶通过已对齐的轨道从船台上移至浮船坞内，系固好后浮船坞将船运至水深和朝向合适的水域，注水下沉并将其内的船舶浮起拖出下水。由于浮船坞下水灵活性好、效率高、安全性较好，已成为现代军舰的主要下水方式之一。

2. 关键设备

第一关键设备是浮船坞的压载系统，对于浮船坞，无论是船舶进出坞的沉浮过程，还是船舶利用浮船坞下水的过程，都要求浮船坞具有很强的调载能力。压载系统是浮船坞的核心关键设备。压载系统由两大子系统组成，一是由压载泵、阀门和管路组成执行系统；二是网络监控系统，由计算机硬件、软件、液位自动测量装置、船体局部变形测量装置、阀门控制系统、数据转换装置、控制和显示台等组成。

大型浮船坞一般设置多个泵舱，每个泵舱一般设置 2 组压载泵，且左右舷对称布置。2 组压载泵通过压载主管线及中间连通阀连通。每个压载舱设有一个吸口和控制阀，每台压载泵可同时为多个压载舱压载和排载，在应急情况下，可打开船中附近主管上的连接阀为更多的压载舱进行压载和排载。2008 年，我国中远海船务工程有限公司为韩国三星重工完工交付了 12 万吨举力浮船坞，该船坞设 5 个泵舱，在每一个泵舱左右各布置 1 台压载泵；每台泵的流量达到 5 000 m^3/h，正常工作状态下可同时为 6 个压载舱压载和排载，在应急工况时最多可为 12 个压载舱压载和排载[17]。

第二是浮船坞的定位系统。根据浮船坞作业水域的地质环境条件和风浪流等自然环境条件，浮船坞可采用锚泊定位或抱桩定位等定位方式。锚泊定位是用锚和锚链来定位，在空间狭小的水域一般是通过外在坞墙上固定的锚链，绕过坞底与另一侧锚相连，如果空间充足，则可采用常规船舶的锚泊定位方式。抱桩定位由系坞柱和锁环组成，在浮船坞要靠泊的建筑外侧上制作两个固定的系坞柱,一般由钢板卷曲制作而成。浮船坞外坞墙侧面上设有两只锁环,锁环套在系坞柱上,实现定位。锁环可打开,锁环内圈用合金塑料制成,用于缓冲和抗磨损,而且与系坞柱之间留有适当的间隙,如图 2-27 所示;也有系坞柱和锁环反过来安装的形式,即系坞柱放在浮船坞侧面。浮船坞抱桩定位计算时,计算工况有台风工况、最大沉深工况、抬船工况等,常以台风工况为主。

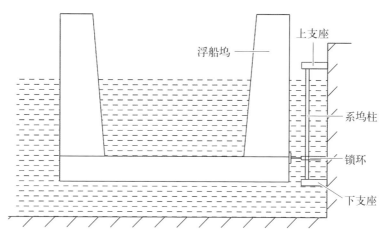

图 2-27　浮船坞抱桩定位示意图

2.4.4　浮船坞的发展历程和趋势

早在 16 世纪就有人提出浮船坞的概念,其真正兴起是在 19 世纪初,但限于当时的技术水平和实际需求,这些浮船坞均为木质结构,与现代浮船坞差别较大。1851 年,美国费城海军造船厂建造了第一艘分段式浮船坞,1868 年,英国建造了世界上第一艘钢质浮船坞。

到了 20 世纪初,民用浮船坞在主尺度和举力上得到了迅速发展。特别是受第二次世界大战的影响,美国、苏联等世界主要海洋国家开始大量使用浮船坞,仅 1941 年,美国海军就订购了 27 艘浮船坞,在鼎盛时期更是拥有 150 余艘浮船坞。苏联也曾拥有常规和特殊型浮船坞 100 余艘,排水量为 850~80 000 t 不等。由于那个时期钢材资源稀缺,开始出现了混凝土制的浮船坞。除了美国和俄罗斯,英国、德国等也曾有过不少浮船坞,英国皇家海军在最多时期曾配有 70 艘浮船坞,德国在 1954—1976 年间也建造过 32 艘各型浮船坞。

我国大中型浮船坞的设计建造始于 20 世纪 60—70 年代,随着我国造船业的发展,对作为修船配套设施的大中型浮船坞也提出了客观需求。我国第一艘自主设计建造浮船坞是举力为 6 500 t 的"钟山",由钢筋混凝土制成,如图 2 - 28 所示。

图 2 - 28　"钟山"浮船坞

我国建成的第一艘钢质浮船坞是利用 2 艘万吨级废钢船解体改建成的"7021",坞长为 134 m、外宽为 35 m、内宽为 24 m,举力为 4 720 t,如图 2 - 29 所示。之后一系列大中型浮船坞相继问世,迎来了我国建造浮船坞的高潮。

图 2 - 29　"7021"浮船坞

1974 年我国设计并建成第一艘 25 000 吨级的浮船坞"黄山",浮体由 9 个浮箱组成,总长为 190 m、总宽为 38.5 m、总高为 15.8 m,最大沉深时吃水 13.2 m,举力达到 13 000 t,其浮沉由中央指挥台操纵,自动化和电气化程度较高。除了"黄山",当时还相继建成了举力为 9 000 t 的"华山"、举力为 13 000 t 的"长山"等。当时建造的浮船坞主要采用浮箱式和三段式结构。

到了 20 世纪 90 年代,为适应越来越大型化的船舶修造需求,我国的大型浮船坞建造迎来了第二波高潮,举力为 16 000 t 的"飞龙山"、举力为 26 000 t 的"衡山"、举力为 30 000 t 的"华东"等相继服役。由于掌握了大型浮船坞浮箱水下合拢技术,这一时期建造的都是大型的整体式浮船坞。

到了 21 世纪,我国修造船业的迅猛发展对超大型浮船坞需求大增,所建造的浮船坞的举力也在不断刷新纪录。2006 年超大型浮船坞"大连"投产,总长为 340 m、型宽为 76 m、型深为 27 m,举力为 75 000 t,能胜任 30 万吨级油船、散货船、大型集装箱船和其他海上大型结构物的坞修,也能用于大型舰船和海洋工程的对接、改建和制造。该船于 2018 年进行改造,将其整体坞墙分别向两侧各外推了 5 m,坞体宽度增加到 86 m,举力得到大幅提高。2016 年,建成了我国首艘自航式浮船坞"华船 1"(见图 2-30),全长为 168 m,宽为 48 m,可在 3 级海况下正常航行,用于开敞海域的舰船维修,满足我国大型导弹驱护舰、2 万吨级补给舰、两栖战舰、核潜艇、6 000~20 000 t 军辅舰船等的坞修需求。

图 2-30 "华船 1"浮船坞

目前,我国已成为浮船坞建造大国,出口了不少浮船坞,2000 年向美国出口的浮船坞曾帮助 DDG-1000 驱逐舰下水;2010 年我国向韩国三星集团出口了 4 艘浮船坞,举力超过了 100 000 t,能对 50 万吨级的船舶进行坞修,刷新了世界最大浮船坞的建造纪录;2016 年 6 月我国向俄罗斯交付了一艘举力为 40 000 t 级的浮船坞;2017 年美国向我国订购了一艘举力为 55 000 t 的浮船坞。

从浮船坞的发展历程来看,大型化、自航式、带膳宿、多功能是未来浮船坞的发展趋势。其中,大型化是为了适应日益大型化各类军舰、民用船型;自航式则是灵活性和机动性及战时维修及时性的体现;带膳宿是为了拥有更强的自持力以执行远洋任务;多功能则是指除了修造船外,还可利用其类似半潜船的特性,执行一些大型运输任务,或是搭载不同设备模块,为后勤补给、救助打捞服务。目前,我国在浮船坞建造领域处于领先地位。

2.5 挖泥船

挖泥船是用于水下岩土挖掘的专用工程船舶,此类船舶类型繁多,除了配备挖掘设备,有些船还配备泥沙输送及其他的施工辅助设备等。此类船舶自出现以来,在港口航道疏浚和沿海重大基础设施建设中发挥了重要的作用。

根据挖掘作业原理,基本上可将挖泥船分为 3 类,即机械式挖泥船、水力式挖泥船和气动式挖泥船,根据挖掘设备又可细分为二十多种,如图 2-31 所示[18]。

克拉克森公司对全球十大疏浚公司的船队构成进行了统计分析,绞吸挖泥船、耙吸挖泥船和反铲挖泥船是目前体量最大的 3 种挖泥船类型,十大疏浚公司拥有的三大类疏浚船大致数量如图 2-32 所示[19]。近 20 年来,我国疏浚行业发展迅猛,按疏浚船舶数量和产能统计,我国的中交疏浚公司和长江航道局位列全球十大疏浚公司,整合了天津航道局、上海航道局和广州航道局的中交疏浚公司成为全球最大的疏浚集团公司。

2.5.1 绞吸挖泥船

1. 概述

在绞吸挖泥船一端安装桥架,桥架头部配置绞刀及驱动系统,另一端布置定位和移位系统,定位系统有三缆定位和钢桩定位,大型绞吸挖泥船通常采用钢桩台车定位移位,作业时将钢桩下放至海底定位,下放桥架使绞刀头接触疏浚面,通过桥架上的横移系统拖曳船体绕定位点转动进行挖掘作业,所挖物料通过桥架泥泵(水下泵)、舱内泥泵和输送泥管排到指定区域或装驳运走,完成一个作业

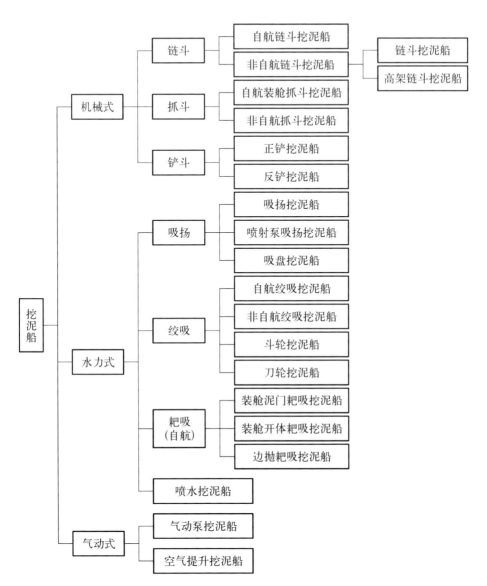

图 2-31 挖泥船分类

面后通过钢桩台车移位到达下一个作业面继续作业,如图 2-33 所示。

绞吸挖泥船大部分为非自航形式,由辅助设施拖运到作业区域,其外形为箱形,船体一端布置挖掘系统,另一端布置定位与行进系统,采用钢桩台车定位系统的非自航绞吸挖泥船总体呈 H 形,图 2-34 所示是"新海燕"非自航绞吸挖泥船。为了应对环境恶劣的离岸工程,自带推进系统的大型自航绞吸挖泥船近年来得到了迅猛发展,目前世界上各主要疏浚公司的旗舰绞吸挖泥船都是自航的,

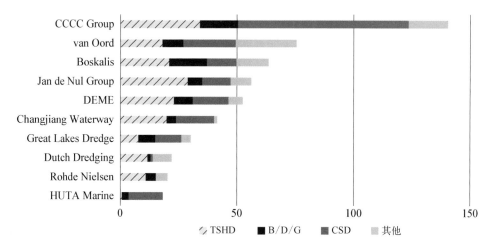

TSHD 为耙吸挖泥船，B/D/G 为斗式挖泥船，CSD 为绞吸挖泥船。

图 2‑32　全球十大疏浚公司挖泥船数量

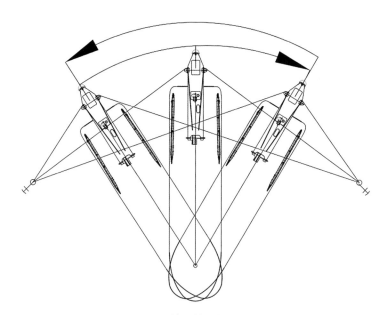

图 2‑33　绞吸挖泥船作业原理

图 2‑35 所示为"长狮 18"自航绞吸挖泥船。

2. 作业系统

绞吸挖泥船具有同时完成海底岩土挖掘和远距离输送的连续作业能力，它主要由挖掘系统、输送系统、定位系统、疏浚监控系统等作业系统及船体构成(见图 2‑36)，船体是作业系统的载体，也为作业系统提供动力等[20]。

图 2‑34 非自航绞吸挖泥船

图 2‑35 自航绞吸挖泥船

1）挖掘系统

绞吸挖泥船的挖掘系统由挖掘岩土的绞刀、驱动绞刀的轴系和动力装置、抽吸物料的泥管和作为主体的桥架等组成，如图 2‑37 所示。

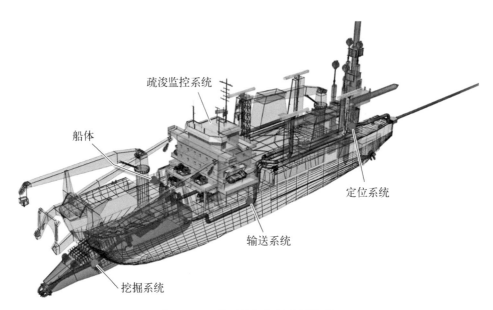

疏浚监控系统

船体

定位系统

输送系统

挖掘系统

图 2‑36　绞吸挖泥船的主要构成

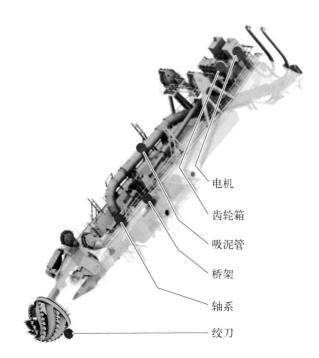

电机

齿轮箱

吸泥管

桥架

轴系

绞刀

图 2‑37　绞吸挖泥船的挖掘系统

绞刀安装在桥架前端,多由电机和传动系统驱动。根据电机和齿轮箱布置位置的不同,传动系统有长轴和短轴之别,两种传动方式各有其优缺点:绞刀短轴驱动的电机可采用潜水电机或密封在舱内的普通电机,其优点是结构紧凑,齿轮箱和电机都集中在桥架端部,重量也集中在桥架端部,可减少端部压重,没有长轴系,桥架重量轻,当大功率绞刀挖岩时,短轴能减少共振发生的概率,但潜水电机价格也比较昂贵;绞刀长轴驱动方式的电机可采用非潜水电机,设备价格较低,该形式的缺点是轴系重量较大,轴系长,轴承多,能量损失多,而且轴系的安装要求高,相应的结构也较复杂;另外长轴系设计时,必须对挖岩引起共振进行仔细的计算分析。

海上大型绞吸挖泥船的绞刀较少由液压马达驱动,目前基本上采用变频电机驱动,其具有如下优点:电机有比较好的过载能力,可以承受更大的冲击载荷;根据实际的使用情况,绞刀在不同作业工况中的负荷变化很大,变频系统可以根据工况不同对绞刀功率进行调整,经电力系统的功率管理,节能效果比较显著。

绞刀功率根据不同挖掘土质和生产能力来配备。目前世界上绞吸挖泥船的绞刀功率为 $500\sim12\,000$ kW,相差很大,通常绞刀挖掘功率越大,则对土质的适应能力越强。设计中决定绞刀功率的主要因素是挖掘土质,而并非单纯的挖掘产量。为了适应不同土质的挖掘要求、提高挖掘效率,设计中会根据绞刀功率和挖掘的土质情况配备不同的绞刀。通常,绞刀功率在 $1\,000$ kW 以下的配一把通用型绞刀;绞刀功率超过 $1\,000$ kW 的除了配备一把通用型绞刀外,还会配一把挖掘黏土和硬土的绞刀;当绞刀功率超过 $3\,000$ kW 的绞吸挖泥船一般都会配置三把或三把以上的绞刀,其中一把为挖岩绞刀,如图 2‑38 所示。

图 2‑38　挖岩绞刀

2) 输送系统

输送系统由泥泵、泥管和阀门等组成。绞吸挖泥船上的泥泵分为水下泵和舱内泵。水下泥泵及其驱动装置布置在桥架上,包括水下泥泵、轴系、齿轮箱和变频电动机等。水下泵的驱动电机布置有多种方式:一种是采用水上电机,将电机和齿轮箱布置在桥架根部的水上位置,通过长轴和联轴器等驱动;第二种是采用潜水电机、齿轮箱与泥泵轴承箱为一体,布置在水下;第三种是在桥架上设置水密舱,采用水上电机,电机和齿轮箱布置在水密舱内。第一种布置方式的电机相对简单,也不需要水下电缆等,但是该种方式的电机和齿轮箱都放置在桥架根部,与采用长轴驱动绞刀的电机及齿轮箱布置有矛盾,且与进出桥架的泥管布置也会相互干涉,同时需要一个长轴和支撑系统。第二种布置方式除了水下电机和电缆较为复杂以外,整个桥架上设备的布置错落有致,也没有长轴和支撑系统,电机和齿轮箱可由海水直接冷却。第三种布置方式的优点是可以采用普通电机,可降低电气部分的投资,但桥架结构相对复杂,此外水密舱的设置也减少了桥架在水下作业时所需的重力。

舱内泥泵设计应与水下泥泵相匹配,根据需要可采用一台或两台舱内泥泵。可根据工况要求,实施不同的泥泵串联工作模式:水下泵可在装驳或短距离输送时单独作业,也可与一台或两台舱内泥泵串联,实现远距离输送。舱内泥泵的驱动方式有柴油机直接驱动和变频电机驱动两种方式。这两种方式对装备的使用效率、节能效果和造价等密切相关,需要进行详细的分析论证。国内研制的大功率大通过能力的泥泵,流量达到 24 000 m^3/h,通过粒径为 0.5 m。

3) 定位系统

绞吸挖泥船的定位移位系统有三缆定位和钢桩台车定位等。

三缆定位系统是锚定位的一种,通过同一位置导出的三根缆绳及其连接的锚来固定船位。三缆定位系统能够适应较大的水深和恶劣环境条件下的定位作业,但移位时需要移动三个锚,定位精度无法保证精确挖掘,挖掘坚硬土质时挖掘反力使得船体运动大,挖掘效率低。现在有不少大型绞吸挖泥船为了增强环境适应性则同时配备了三缆定位和钢桩台车两种定位系统。图 2 - 39 为三缆定位原理图,图 2 - 40 为实物照片。

大型的绞吸挖泥船均采用钢桩台车定位系统,钢桩定位系统由主钢桩(台车)定位系统和辅钢桩定位系统组成。主钢桩设置在台车中,台车设置在船体的开槽内,由行走油缸推动行走,辅钢桩架固定于船体结构中。绞吸挖泥船就位后将主钢桩下放至海底,船体在横移系统的牵引下绕着钢桩摆动,完成挖泥作业,由钢桩抵抗作用在船体上的作业载荷和环境载荷,在完成一个作业面扫挖后,将

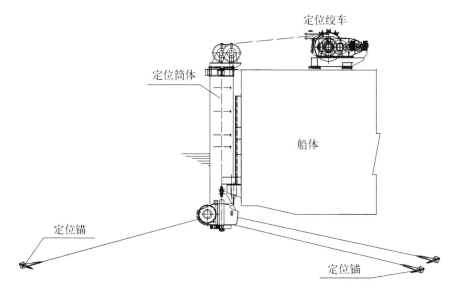

图 2 - 39　三缆定位的原理图

图 2 - 40　三缆定位的实物照片

辅桩下放定位,主桩抬起由台车将其前移并下放定位,之后抬起辅桩,船进入下一作业位置。随着绞吸挖泥船的大型化发展,装机功率的不断提升,其作业时绞刀切削反作用力、横移绞车拉力和外界环境载荷均大幅增加,对定位系统的设计提出了更高的要求。钢桩台车的设计技术是海上大型绞吸挖泥船开发的关键核心技术。

钢桩台车系统包括定位钢桩、钢桩行走机构、钢桩升降机构、钢桩倾倒机构和缓冲机构等功能模块,如图 2 - 41 所示。

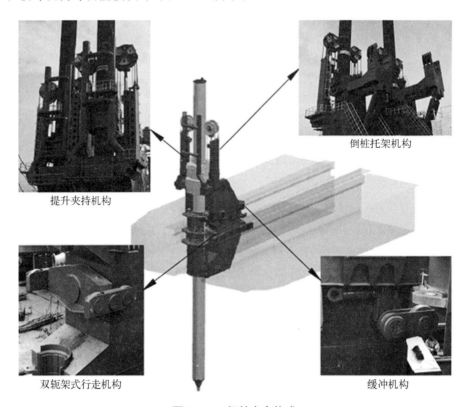

提升夹持机构

倒桩托架机构

双轭架式行走机构

缓冲机构

图 2 - 41　钢桩台车构成

大型绞吸挖泥船的钢桩升降机构的主要功能是实现提升、下放和锁紧定位钢桩,目前主要有绞车钢丝绳式和油缸夹具式两种提升方式,详见定位移位技术与装备章节。

绞吸挖泥船钢桩倾倒机构的主要功能是使定位钢桩能够实现作业时的竖直状态和调遣时的水平状态两者之间的转换,以适应绞吸挖泥船航行和作业工况的转变。目前钢桩倾倒机构主要有 3 种方式:桩套式、夹具式和倒桩架式,详见后续相关章节。

钢桩台车缓冲机构的主要功能是减小波浪冲击载荷,降低钢桩受力。目前国际上超大型绞吸船所配备的钢桩台车定位系统多采取了不同形式的缓冲机构,提高适应恶劣海况条件的能力,提高远海施工的可作业性和安全性。目前钢桩台车缓冲机构主要有 3 种形式:缓冲油缸钢丝绳组合式、缓冲油缸滚轮组合式和油缸缓冲形式,详见定位移位技术与装备章节。

钢桩台车行走机构的主要功能为推动绞吸挖泥船的船体向前移位。目前钢桩台车行走机构主要有两种形式：滑块式和滚轮式，如图 2 - 42 所示，图（a）为轨道滑块式，图（b）为轭架滚轮式。

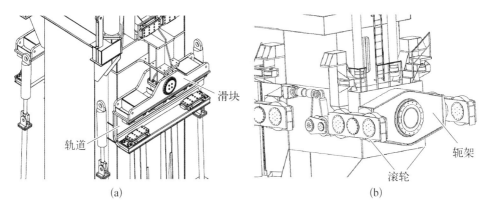

图 2 - 42　钢桩台车的两种行走机构
（a）轨道滑块式；（b）轭架滚轮式

4）疏浚控制系统

早期开发的疏浚控制系统，主要是为了减少施工强度和提高施工精度，现阶段对疏浚控制系统提出了更高要求，除了满足上述功能外，还要求提高挖泥效率和降低施工成本。

目前采用全电动驱动方案的大型绞吸疏浚装备，其疏浚控制系统除了能实现对泥泵、绞刀、绞车、钢桩台车及其他施工设备的监测和控制外，最大的特点是通过功率管理系统（PMS），使电站机组的使用情况根据疏浚系统的要求及时进行调整，保证电站负荷率在各种疏浚工况下都处于比较合理的范围，从而实现在各工况下的高效率运行，图 2 - 43 所示为疏浚控制系统，详见电站及管理系统章节。

3. 海上大型绞吸挖泥船发展

由于绞吸挖泥船工作效率高、产量大、适应性强且经济性好，随着技术的进步和海上重大基础设施建设需求增大，海上大型绞吸挖泥船得到了迅速发展，特别是在我国，仅用二十多年的时间就实现了从技术被封锁到出口管制的跨越。

国外的海上大型绞吸挖泥船船队主要掌握在荷兰的 van Oord 公司、Boskalis 公司和比利时的 Jan de Nul 公司、DEME 公司这四大疏浚公司手中，近年来这四大公司也有计划地进行技术更新，建造了多艘具有代表性的大型绞吸挖泥船。目前世界上最大的绞吸挖泥船是 DEME 公司在 2021 年建成的"Spartacus"，其总装机功率为 44 180 kW，在设计建造中也充分利用了绿色智能

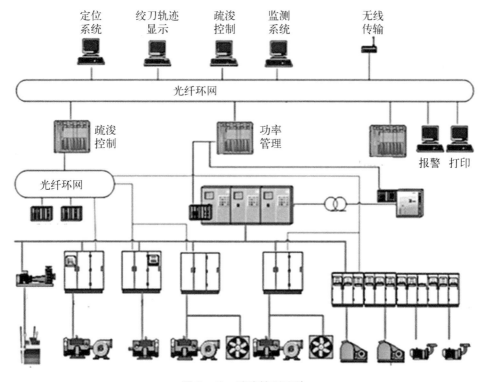

图 2 - 43　疏浚控制系统

等新技术。"Spartacus"总长为 164 m,船宽为 34 m,型深为 10 m,最小吃水为 6.4 m,最大吃水为 7 m,载重量为 6 450 t,最小挖深为 6.4 m,最大挖深为 45 m,泥管管径为 1 200 mm,设计航速是 12.5 kn,配员 72 人,配备双燃料发电机组,第一次在绞吸挖泥船上应用 LNG 燃料,入法国 BV 船级社,如图 2 - 44 所示。

2002 年之前,海上大型绞吸挖泥船的总体设计、关键设备及相关技术主要集中在欧洲。相关公司为了获得高额利润,进行技术封锁,仅向我国提供整船和成套设备。由于设计、制造的难度高,当时生产能力为 2 000 m³/h 以上的海上大型绞吸挖泥船全依靠整船进口,价格极高,维修困难。

2002 年开始,上海交通大学联合疏浚企业、科研院所、船厂和专业设备研发机构,开展了大型绞吸挖泥船的设计技术研究及专用疏浚设备开发。2004 年开发出生产能力为 2 500 m³/h 的"航绞 2001"(见图 2 - 45),这是我国首艘自主设计、自主建造的大型绞吸挖泥船,打破了我国依赖整船进口局面。

2006 年,我国自主研制了"天狮",它是我国首艘自行设计和建造的采用浅水倒桩钢桩台车的海上大型绞吸挖泥船,如图 2 - 46 所示。

图 2‑44 "Spartacus"绞吸挖泥船

图 2‑45 "航绞 2001"绞吸挖泥船

图 2‑46　"天狮"绞吸挖泥船

　　2010 年我国建成当时亚洲最大的自航绞吸挖泥船"天鲸号",生产能力为 4 500 m³/h,整船全电变频,采用柔性钢桩台车系统,总装机功率为 20 020 kW,如图 2‑47 所示。

图 2‑47　"天鲸号"绞吸挖泥船

　　2017 年我国建成了生产能力为 6 500 m³/h 的"新海旭",采用全电变频,采用钢桩台车和三缆双定位系统,总装机功率为 26 100 kW,是世界上最大的重型非自航绞吸挖泥船,如图 2‑48 所示。

图 2-48 "新海旭"绞吸挖泥船

上海交通大学联合国内相关单位,攻克了挖掘、输送、定位和总体集成等关键技术,设计了 59 艘海上大型绞吸挖泥船,如表 2-7 所示。

表 2-7 上海交通大学设计的绞吸挖泥船

序号	船 名	船长/m	型宽/m	型深/m	吃水/m	总装机功率/kW	建成年份
1	航绞 2001	73.2	16.0	5.2	3.6	7 204	2004
2	海星号	79.1	18.2	5.2	3.5	9 624	2006
3	多菱号	78	18.0	5.2	3.5	9 468	2006
4	天波	77.7	18.2	5.2	3.5	8 982	2006
5	海神浚	79.1	18.2	5.2	3.5	9 748	2007
6	天骏	77.7	18.2	5.2	3.5	8 682	2007
7	天诚 3	77.7	18.2	5.2	3.5	8 682	2007
8	天诚 5	77.7	18.2	5.2	3.5	8 682	2007
9	暨洲 1	79.1	18.2	5.2	3.5	9 912	2007
10	宏泰海	79.1	18.2	5.2	3.5	9 912	2007

序号	船　名	船长/m	型宽/m	型深/m	吃水/m	总装机功率/kW	建成年份
11	青草沙	67.9	18.2	4.9	3.0	7 528	2008
12	浏河沙	67.9	18.2	4.9	3.0	7 528	2008
13	天狮	86.1	18.2	5.2	3.5	11 119	2006
14	天牛	86.1	18.2	5.2	3.5	12 836	2006
15	海阳号	79.1	18.2	5.2	3.5	9 955	2006
16	海昌号	79.1	18.2	5.2	3.5	9 465	2007
17	捷盛 6	82.6	18.2	5.2	3.5	9 782	2008
18	天鸥	86.1	18.2	5.2	3.5	11 119	2008
19	天虎	86.1	18.2	5.2	3.5	11 119	2008
20	新海燕	82.6	18.2	5.2	3.5	9 543	2008
21	新海鸥	82.6	18.2	5.2	3.5	9 543	2008
22	长狮 8	86.1	18.2	5.2	3.7	13 216	2008
23	海神浚 1	79.1	18.2	5.2	3.7	10 270	2008
24	天雕	86.1	18.2	5.2	3.7	12 760	2009
25	天羚	86.1	18.2	5.2	3.7	12 760	2009
26	天达	86.1	18.2	5.2	3.7	12 760	2009
27	天泰	86.1	18.2	5.2	3.7	12 760	2009
28	海旭号	79.1	18.2	5.2	3.7	9 850	2009
29	宇大 2 号	86.1	18.2	5.2	3.7	12 612	2009
30	新海鹤	82.6	18.2	5.2	3.6	13 216	2009
31	新海鹭	82.6	18.2	5.2	3.6	13 216	2009

（续表）

序号	船 名	船长/m	型宽/m	型深/m	吃水/m	总装机功率/kW	建成年份
32	新海狼	82.6	18.2	5.2	3.6	13 216	2009
33	新海鲤	82.6	18.2	5.2	3.6	13 216	2009
34	顶峰浚	79.1	18.2	5.2	3.7	10 252	2009
35	长狮 4	82.6	18.2	5.2	3.7	9 520	2010
36	嘉航 5	86.1	18.2	5.7	3.95	13 664	2010
37	嘉航 7	86.1	18.2	5.7	4.15	15 806	2010
38	金东海 8 号	86.1	18.2	5.7	3.95	14 164	2011
39	金东海 9 号	86.1	18.2	5.7	3.95	14 164	2011
40	宇大 1 号	92.4	19.6	6	4.2	17 544	2009
41	天骅	96.1	19.6	6	4.2	12 612	2009
42	天骥	96.1	19.6	6	4.2	12 612	2009
43	天杉	96.1	19.6	6	4.2	12 612	2009
44	天柏	96.1	19.6	6	4.2	12 612	2009
45	天麒号	98.0	20.3	6.6	4.8	17 296	2009
46	天麟号	98.0	20.3	6.6	4.8	17 296	2009
47	新北亚	78.4	18.2	5.7	3.5	9 249	2011
48	长狮 10	94.5	21.8	6.3	4.5	16 684	2013
49	新海豚 2	94.5	21.8	6.3	4.5	16 684	2013
50	铁建绞 01	98.0	21.1	6.3	4.5	19 764	2014
51	长狮 9	87.9	22.4	5.3	3.8	10 560	2013
52	长狮 12	87.9	22.4	5.3	3.95	10 534	2017

（续表）

序号	船 名	船长/m	型宽/m	型深/m	吃水/m	总装机功率/kW	建成年份
53	长狮 16	87.9	22.4	5.3	3.95	10 534	2017
54	长狮 15	89.9	23.0	5.3	4.1	10 534	2020
55	天鲸号	97.5	23.0	8.3	6	20,020	2010
56	新海旭	118	28.0	8	6.5	26 100	2017
57	新海腾	118	28.0	8	6.5	26 100	2017
58	长狮 18	123.34	28.0	9	6.5	20 550	2020
59	长狮 19	117.12	25.9	7.8	5.8	17 747	2020

2006 年以来，中国船舶及海洋工程设计研究院设计了以"天鲲号"为代表的 9 艘绞吸挖泥船如表 2-8 所示，图 2-49 所示是"天鲲号"绞吸挖泥船。

表 2-8 中国船舶及海洋工程设计研究院设计的绞吸挖泥船

序号	船 名	船长/m	型宽/m	型深/m	吃水/m	总装机功率/kW	建成年份
1	新海鳄	77.7	17.2	5	3.67	14 576	2006
2	新海鲲	84	19	5.2	3.75	13 767	2008
3	长狮 1	84	19	5.2	3.8	13 585	2008
4	新海鲛	92.4	20.4	5.5	3.8	13 926	2008
5	唐绞 2008	77.7	16.8	4.8	3.3	8 285	2008
6	新海豚	85.4	19.6	5.2	3.75	14 176	2010
7	云浚二号	93.8	21.7	6.6	4.8	15 490	2012
8	天鲲号	115.0	27.8	9.0	6.5	25 843	2017
9	昊海龙	122.0	29.0	9.2	6.5	26 443	2021

图 2-49 "天鲲号"绞吸挖泥船

2.5.2 耙吸挖泥船

1. 概述

耙吸挖泥船是一种自航自卸式的水力挖泥船,它的船体结构和外形与一般的运输船舶相似,配备耙头等挖掘机具和水力吸泥装置,通常在两侧布置耙臂,耙臂后端安装了挖掘耙头,前端通过弯管与泥泵连接,作业时通过悬吊系统将耙臂下降,使耙头与疏浚工作面接触,拖动耙臂进行耙松和挖掘作业,挖掘土料通过泥泵抽吸,装入自身的泥舱中,再运至卸泥区通过底部的泥门抛泥或通过艏部的排泥管系吹到指定区域[21]。耙吸挖泥船作业时不需要抛锚,不需要其他工程船辅助,对作业水域的通航影响较小。耙吸挖泥船最适合用于挖掘较为松软、颗粒较小的淤泥和流沙,特别是挖淤泥时工作效率最高,但对于较硬和颗粒较大的黏土和砂石则难以挖掘,其作业效率会大幅度下降。图 2-50 所示为耙吸挖泥船的作业原理。

2. 作业系统

1) 挖掘系统

挖掘系统包括耙头、耙臂管、高压冲水系统、带波浪补偿的耙臂悬吊系统。耙头是耙吸挖泥船的主要作业设备,针对不同的土质和作业需求,现在开发出了多种耙头形式。传统的加利福尼亚耙头由一个固定部分和两个独立调节罩组成,如图 2-51 所示,主要依靠冲刷原理进行挖泥作业,可以适应不平整的泥面,

图 2 - 50　耙吸挖泥船的工作原理

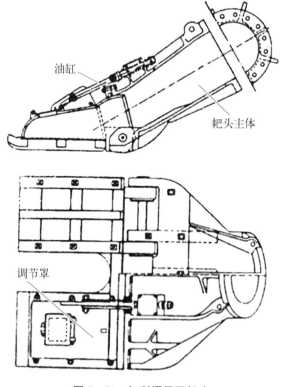

油缸

耙头主体

调节罩

图 2 - 51　加利福尼亚耙头

缺点是泥浆浓度不高,产量低,加装耙齿后能提高挖掘效率。被动耙头由固定部分和调节罩组成,作业时靠耙头的重量和弹簧支杠的压力在一定幅度内紧贴泥面,遇到障碍物时调节罩能够上下摆动,对疏松土质效果较好。主动耙头的固定部分和调节罩之间有液压油缸连接,可通过液压油缸和拉杆遥控调节固定部分和调节罩的角度,从而调整耙齿入泥角度和进水量,提高不同土质的挖掘效率。

耙头上的高压冲水系统作业时可增大疏浚物的含水量,使疏浚物膨胀松散,进而提高挖掘效果;齿间的高压冲水可提高耙齿的切削深度和宽度;耙头内部的高压冲水可增大补水,加强土质的液化效果。高压冲水的实际效果取决于颗粒的间隙率、高压冲水的压力、流量及挖泥航速。

高压冲水也可以用于抛泥或吹填时的稀释清舱工作。

耙吸挖泥船的耙臂悬吊系统配备波浪补偿器,主要由蓄能器和液压缸组成,如图 2-52 所示,图(a)是实物,图(b)是其原理。它和耙头的提升钢丝绳连接在一起,在施工过程中,能够始终保持钢丝绳处于张紧状态,防止钢丝绳出槽。通过调节波浪补偿器的压力,调节耙头高度及其对泥面的有效压力;在风浪环境条件下或海底泥面高低不平时,通过波浪补偿器的缓冲作用,避免耙管和耙头承受过大的冲击载荷,保证挖泥设备的安全;对于不同硬度的疏浚物或不同的挖深要求,亦可通过调整波浪补偿器压力,调整耙头的对地压力,提高对不同土质的适应性和挖掘效率,详见波浪补偿系统章节。

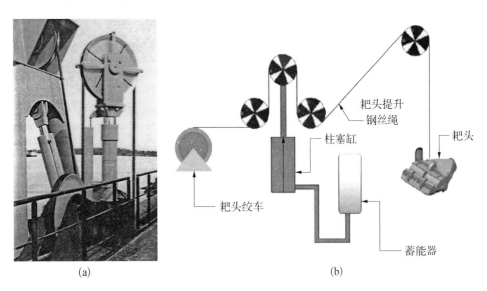

(a)　　　　　　　　　　　　　　　　(b)

图 2-52　耙臂悬吊补偿装置及原理

(a) 实物;(b) 原理

2）泥泵及驱动系统

耙吸挖泥船通过泥泵将疏浚物从海底吸排进泥舱,或从舱内吸取疏浚物进行吹填或艏喷。耙吸挖泥船配备有安装在耙管上的水下泵和船体上的舱内泵,如图 2‑53 所示。螺旋桨和泥泵是耙吸挖泥船作业的主要耗能设备,耙吸挖泥船泥泵的驱动方式多样,有柴油机独立驱动、一拖二、一拖三和全电力驱动等。

图 2‑53 舱内泥泵

柴油机独立驱动方案中,螺旋桨和泥泵都采用各自对应的柴油机单独驱动,如图 2‑54 所示,传动效率高,不存在发电机、电动机造成的功率损失,泥泵和螺旋桨不存在互相影响,其转速可独立控制,但总装机功率大,船舶初始投资成本高,设计中对布置空间要求高,使用中维护保养工作量大。

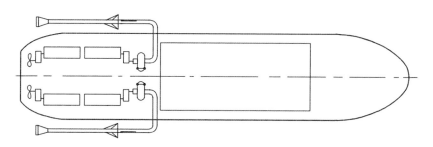

图 2‑54 柴油机独立驱动方案

一拖二驱动则是由柴油机驱动螺旋桨和轴带发电机,由发电机通过电动机驱动泥泵等系统,柴油机始终工作在额定转速,如图 2‐55 所示。此方案中,机舱布置在艉部,泥泵通常布置在艏部,泥泵通过变频电机实现无级调速。由于中间环节较多,动力系统存在一定的能量损失。

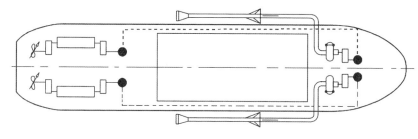

图 2‐55 一拖二驱动方案

一拖三驱动由柴油机同时驱动螺旋桨、泥泵和轴带发电机,如图 2‐56 所示,设备数量少,总装机功率小,柴油机功率利用率高,航行时可获得较大的功率。泥泵转速通过齿轮箱来调节,各种设备存在相互影响。同时泥泵和机舱安装在艉部,耙臂长度受限,作业水深相对较小。

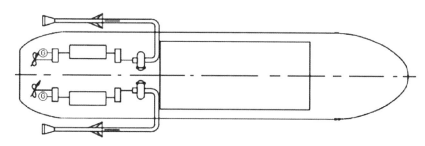

图 2‐56 一拖三驱动方案

全电力驱动则由柴油机驱动发电机,再通过电动机驱动螺旋桨和泥泵等设备,此方案总体上布置灵活,可通过全船功率管理系统针对不同的作业工况进行功率优化,达到节能目的。如图 2‐57 所示。

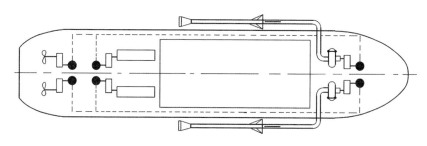

图 2‐57 全电力驱动方案

3) 泥门系统

耙吸挖泥船泥舱装满后,航行至卸泥区打开底部的泥门,将舱内物料卸出船外。耙吸挖泥船的泥门型式有圆锥形泥门(见图 2-58)、平移泥门、箱型泥门等。圆锥形泥门航行时能够保证泥舱完全封闭,卸载时往下伸出,超过船体基线,使得舱内物料迅速排出,此种形式没有铰链等易损构件,杂物不易阻塞排口,关闭泥门也不易造成损坏,但由于作业时需要将泥门下放,需要足够的富裕水深,排泥速度较慢。平移泥门没有突出船底的结构,没有铰链拉杆等构件,结构坚固,缺点是密闭性不好,容易出故障,维护困难,总抛泥空间也小。箱形泥门(见图 2-59)在卸泥时通过拉杆和铰链打开,倾倒量大,卸泥速度快,但也需要足够的富裕水深,且要注意密闭性问题。还有一种是开体形式,泥舱部分的船体做成类似抓斗的可开闭合形式,卸泥时把下船体支开,无须考虑额外水深,也不需要严格密封,卸泥效率高,但是结构复杂、造价高。

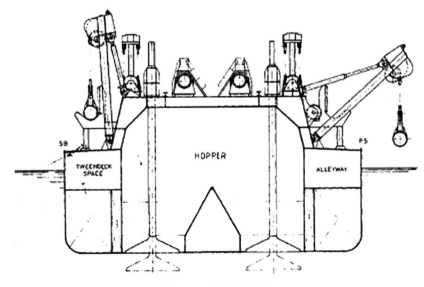

图 2-58 圆锥形泥门

4) 溢流系统

耙吸挖泥船通过溢流装置(见图 2-60)及时排出舱内的不饱和泥浆,提高舱内疏浚物的沉积密度。耙吸挖泥船上的溢流装置有容积固定式和定吨位式。容积固定式溢流系统采用的是固定高度的溢流阀,当泥舱装载至船舶达到满载吃水后,即刻停止耙吸装舱作业。定吨位式溢流系统采用可调高度的溢流阀,当装载接近或达到满载吃水时,可通过降低溢流筒,排出泥舱上层的不饱和泥浆减

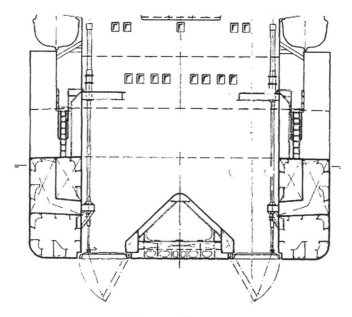

图 2-59　箱形泥门

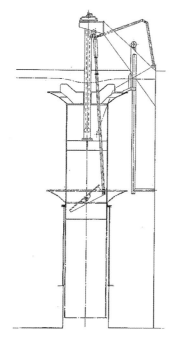

图 2-60　溢流装置

小吃水,在保持总载重量不变的前提下,提高舱内疏浚物料的密度,增大装载量。可调高度的溢流系统分为水面排放和船底排放,还有固定分挡式和液压控制溢流筒高度式。此外还有装有环保阀的环保溢流筒,可通过液压缸控制环保阀,在环保要求较高的工程中,关小环保阀开度,减少溢流泥浆夹带的空气,从而减少溢流泥浆中土质颗粒在海域中悬浮的时间,减少对海域的污染。

3. 大型耙吸挖泥船发展

疏浚行业里通常根据耙吸挖泥船的泥舱容积大小进行分级,泥舱容积小于 4 000 方(1 方=1 m³)的为小型耙吸挖泥船,泥舱容积为 4 000~8 000 m³ 的为中型,泥舱容积为 8 000~15 000 m³ 为大型,泥舱容积为 15 000~30 000 m³ 的为巨型,泥舱容积超过 30 000 m³ 的为超巨型。大型的耙吸挖泥船除用于港口航道的加深、海岸维护外,还广泛用于离岸吹填工程。

世界上第一艘耙吸挖泥船是 1855 年在美国建成的"General Moultry",采用锚泊定位定点作业。1878 年在荷兰建成的"Adam II"耙吸挖泥船采用自航作业,奠定了现代耙吸挖泥船的作业方式。20 世纪 70 年代之后,为了适应大型工程的需求,耙吸挖泥船日趋大型化,特别是进入 20 世纪 90 年代后,各大疏浚公司为提高竞争力争相制订新船建造计划,促进了大型耙吸挖泥船的迅猛发展。1994 年 IHC 公司建成了 17 000 m³ 的巨型耙吸挖泥船"Pearl River"(见图 2-61),成为耙吸挖泥船向大型化发展的转折点,该船分别在 2002 年和 2006 年进行了船体加长,实现了泥舱扩容,舱容增加到了 24 130 m³,目前该船总长为 182.22 m,船宽为 28 m,型深为 11.9 m,满载吃水 10.6 m,挖深达到 120 m,总装机功率为 19 061 kW,推进功率为 17 280 kW。

图 2-61 "Pearl River"耙吸挖泥船

2016 年 Jan de Nul 集团建成了舱容 46 000 m³ 的超巨型耙吸挖泥船
"CRISTOBAL COLON(见图 2 - 62)"及其姐妹船"LEIV EIRIKSSON",是目前
世界上最大的耙吸挖泥船。

图 2 - 62 "CRISTOBAL COLON"超巨型耙吸挖泥船

目前世界上 30 000 m³ 以上的超巨型耙吸挖泥船共有 10 艘,如表 2 - 9 所
示,除了"INAI KENANGA"为马来西亚的 Inai Kiara 公司所有,其他 9 艘都属
于欧洲的四大疏浚公司。

表 2 - 9　超巨型耙吸挖泥船

船　名	总长 /m	垂线间 长/m	船宽 /m	型深 /m	泥舱容 积/m³	总装机功 率/kW	航速 /kn	建成年 份/年
FAIRWAY	230.71	211.58	32.00	15.90	35 508	27 690	16.00	1997
QUEEN OF THE NETHERLANDS	230.71	211.58	32.00	15.90	35 508	27 634	16.00	1998
VASCO DA GAMA	207.32	178.03	36.20	19.00	35 508	37 060	15.00	2000
HAM 318	227.20	210.10	32.00	17.12	37 293	28 636	15.50	2001
VOX MÁXIMA	203.40	185.00	31.00	17.50	31 387	31 309	17.20	2009
CRISTÓBAL COLÓN	213.50	196.00	41.00	20.00	47 886	41 665	18.33	2009
LEIV EIRIKSSON	213.50	196.00	41.00	20.00	47 886	41 650	18.52	2010
CONGO RIVER	168.00	153.30	38.00	13.30	30 804	25 445	16.60	2011
CHARLES DARWIN	186.50	161.52	40.00	17.50	32 761	23 620	16.41	2011
INAI KENANGA	197.70	185.00	36.40	14.90	32 000	29 745	17.50	2016

在耙吸挖泥船发展过程中,船体艏艉部线型也发生了明显的变化,尤其是超长大球首的出现和双尾鳍的采用,显著改善了船体的水动力特性,极大改善了艏部流场,减少了浅水时的埋首现象,提高了航速,增加了排水量,有利于调节浮态。目前新建的大型耙吸挖泥船大多采用此线型设计,如图 2-63 和图 2-64 所示。

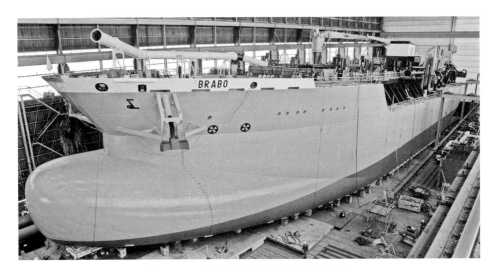

图 2-63 耙吸挖泥船的超大长球首设计

图 2-64 耙吸挖泥船的双尾鳍设计

我国的耙吸挖泥船设计建造要比西方国家晚，1971 年，我国建成了 4 500 m³ 的耙吸挖泥船，开始进入此类船型的自主研发阶段，此后我国在耙吸挖泥船的设计技术、建造质量和工艺水平等方面都取得了明显提升，在 2002 年，成功实现大型货改耙，建成了 12 000 m³ 的"新海象"和 13 000 m³ 的"新海鲸"。进入 21 世纪后，随着我国国民经济的快速发展，港口航道、沿海工业基地的建设需求促进了大型耙吸挖泥船的研制。我国国内的大型耙吸挖泥船主要由中国船舶及海洋工程设计研究院设计。

2007 年，建成了我国第一艘自主研制的大型耙吸挖泥船"新海虎"，如图 2 - 65 所示。该船总长为 150.7 m，型宽为 27 m，型深为 11 m，航速 16.2 kn，泥舱舱容为 13 500 m³，采用一拖三复合驱动。

图 2 - 65 "新海虎"耙吸挖泥船

2011 年，我国建成第一艘 20 000 m³ 巨型耙吸挖泥船"通途"，如图 2 - 66 所示。该船总长为 160.3 m，船宽为 30 m，型深为 15 m，总装机功率为 22 150 kW，航速为 15 kn，最大挖深达到 90 m。

2018 年，我国建成第一艘全电力驱动的耙吸挖泥船"长鲸 7"，如图 2 - 67 所示。该船船长为 120.3 m，型宽为 24.8 m，型深为 9.6 m，最大舱容为 9 000 m³。

图 2‑66 "通途"耙吸挖泥船

图 2‑67 "长鲸 7"耙吸挖泥船

2.5.3 反铲挖泥船

1. 概述

反铲挖泥船的作业设备主要由挖掘系统和定位系统组成,两大系统配合完成挖泥作业。

传统的反铲挖泥船都很小,工作能力也有限,随着陆上反铲设备的大型化,使得越来越大的反铲设备经过改进用于内河或海上施工作业,促进了反铲挖泥船的发展和大型化,表现在配备的反铲斗容越来越大,而且工作水深也越来越深。

目前世界上绝大多数的反铲挖泥船为非自航,部分非自航反铲挖泥船也配备有两个辅助推进器,该推进装置不入级,仅作为施工地点辅助移船和船舶在桩交替移位时辅助定位使用。反铲挖泥船的作业原理如图 2-68 所示。

图 2-68 反铲挖泥船的作业原理

2. 作业设备

1)挖掘系统

反铲挖泥船的挖掘系统主要指的是安装在船上的反铲挖掘机,如图 2-69 所示,操纵挖掘机完成铲斗破土、挖掘、装斗、提升、回转和卸载等反铲挖泥作业。

反铲机通常由反铲铲斗及驱动油缸、斗杆及驱动油缸、动臂及驱动油缸、底座、动力单元、液压单元、驾驶操纵室、疏浚控制系统、回转机构与驱动系统、弹性底座等组成。

相比于其他疏浚装置,反铲挖泥船铲斗和船体之间通过硬钢臂连接,挖掘时采用铲斗破土,挖掘后把疏浚物料从水底挖起来并提升到水面,然后卸载到驳船上,再转运到指定地点。反铲挖泥船的这种硬臂连接可以给铲斗提供更大的挖掘力,对坚硬土质、砾石、鹅卵石和破碎的块状礁石、岩石等底质挖掘具有更高的效率和更好的效果。

铲斗机一般有两种形式。一种自带动力系统,柴油机、液压泵组和发电机组集成在挖机上,整个反铲机系统独立,和船体的连接仅仅是基座的钢结构连接。此类铲斗机虽然总装机功率略高,但是设备集成度高,工作可靠性高,故障率低,工作效率高,而且柴油机本身可以成为铲斗机的平衡块,可以有效减少挖机回转

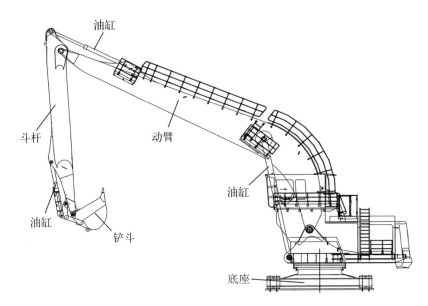

图 2‑69 自带动力系统的反铲挖掘机

机构的载荷偏心产生的不规则磨损,目前世界上主要的大型反铲船都采用此方式。另一种是铲斗机不带动力系统,柴油发电机组或者液压泵站等动力系统布置在船舱内,液压油、信号和电力通过基座下的滑环进入铲斗机中,该种方式的一个最大优势就是动力系统可以全船综合考虑,可以根据工况进行全船的动力系统优化,但是装置复杂,故障率很高,而且维修困难,对船舶施工管理和设备维护要求很高。挖机没有配重,载荷偏心加剧了不规则磨损,使得故障更容易出现,要避免此种情况,铲斗机还需另外再增加一套重力平衡块。

鉴于已有不带动力系统的铲斗机故障率高、维护困难等缺点,目前新建的大型反铲挖泥船均采用自带动力系统的铲斗机,即铲斗机动力系统和船舶动力系统各自独立,舱内的柴油机与其他辅助设备主要为甲板上各施工绞车、其他液压油缸、辅助推进、全船辅助用电等服务。

反铲挖泥船的作业范围取决于铲斗机的回转角度和船体移动的距离,其作业能力取决于铲斗机动臂、斗杆长度以及所配备的铲斗斗容。一般情况下,反铲挖泥船常规配备两个动臂,两到三种不同长度的斗杆和不同斗容的铲斗,通过动臂、斗杆和铲斗的不同组合,来实现不同挖深下的设计挖掘产量,尽量最大化地提高动力系统功率的利用效率,达到节能降耗的目的。通常挖深较小或疏浚土质容重较低时,可以配置一个更大的铲斗,而挖深较大或疏浚质容重较高时,则更换较小的铲斗,铲斗如图 2‑70 所示。另外,铲斗机还可以在不增加其他设施的情况下,配置硬臂抓斗和振动碎岩锤,以增强环境适应性和作业能力,抓斗可以在不适合反铲的情况下进行工作,振动碎岩锤则是在开挖比较坚硬的岩石出现反铲切削力不够时,可以先用振动碎岩锤,然后再用反铲清理碎石。图 2-71 所示为液压抓斗。

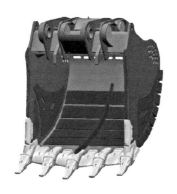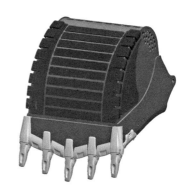

图 2-70　铲斗

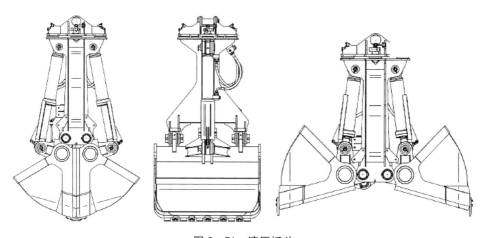

图 2-71　液压抓斗

反铲机挖掘时破土力较大,冲击载荷强烈,为了有效保护挖机上的各种控制设备和机械设备,同时为了减少冲击震动对船体的影响,保持船舶上的船员有一个比较好的工作环境,反铲机和船体连接之间设置弹性减震装置,如图 2-72 所示。

2) 定位系统

反铲挖泥船挖掘作业时,船体承受巨大的水平力和垂直力,尤其是反铲挖泥船大型化以后,铲斗产生的巨大挖掘力作用到船上,如果采用锚泊系统定位,挖

图 2-72 铲斗机底座减震装置

掘力使得船舶产生剧烈运动,影响挖泥作业,效率也很低。因此大型反铲挖泥船通常采用三根钢桩的定位方式,两个固定桩靠近铲斗机,一个移动定位桩设置在船舶的另一端,通过钢桩倾斜或台车行走方式移位,此定位方式占用航道范围小,在航道狭窄情况下可实现不禁航施工。为了保证船舶正常作业,还必须要在定位桩上设置抬船系统,通过抬船系统部分提升船体,使定位桩产生一定的对地压力,抬船高度要保证船舶在铲斗挖掘时,挖泥船船体不会产生升沉运动。通过抬船预压提高作业的稳定性,并减小水流、波浪等环境因素对施工作业的影响,从而保证作业安全,提高作业精度和效率。

反铲挖泥船的钢桩定位系统包括钢桩升降子系统、移位子系统和倒桩子系统等。

目前,反铲挖泥船的应用最多的钢桩提升方式是缆索式升降方式,缆索式升降装置包括液压升降绞车、钢丝绳和动定滑轮组等,具有平稳地连续运动的能力,升降速度快,控制简单,适合于移位比较频繁的工程船,如图 2-73 所示。在钢桩头部和底部分别设置了一组滑轮组,最大插桩力和拔桩力可为绞车额定拉力的四倍,因此能满足反铲挖泥船工作时的预压要求。不足之处是对液压升降绞车和钢丝绳的出厂质量要求高,使用中对检查、维护、保养的要求也高,多采用国外进口。

反铲挖泥船的钢桩移位方式主要采用钢丝绳牵引台车移位方式,该驱动方式的优点是台车总行

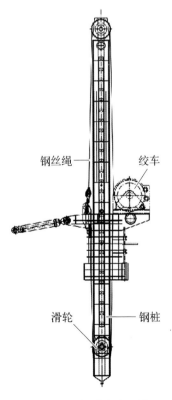

钢丝绳 绞车

滑轮 钢桩

图 2-73 钢桩定位系统

程较长,可以有效地减少船舶移位次数,进而提高船舶的生产效率,并且一台绞车正反转即可实现台车前后移动,如图 2 - 74 所示。当然,也有采用齿轮配合驱动桩套结构连带钢桩旋转,通过倾斜钢桩驱动船舶移位。

图 2 - 74　移位系统

反铲挖泥船在长距离拖航、调遣过程中,钢桩需要倾倒以降低船舶重心,同时也要防止由于船体运动造成断桩。反铲挖泥船的钢桩倾倒方式主要采用油缸驱动倒桩方式,该倒桩子系统由油缸驱动桩套,桩套与桩一起倾倒,如图 2 - 75

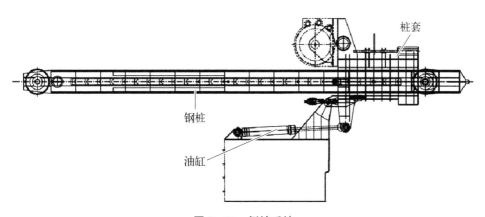

图 2 - 75　倒桩系统

所示,该方式的优点是倒桩力较大,运动部件少,结构紧凑,所需的甲板布置空间较小,整体倒桩时间短。不足之处在于其综合造价高于绞车钢丝绳驱动倒桩方式。

目前世界上主要的疏浚公司最新建造的反铲挖泥船钢桩定位系统基本都采用缆索式钢桩升降方式、绞车、钢丝绳牵引台车移位方式和液压油缸倒桩方式,如表 2 - 10 所示。

表 2 - 10   大型反铲挖泥船钢桩定位系统配置方案

船 名	反铲机型号	钢桩升降方式	移位方式	倾倒方式	船 东	建造年份
VITRUVIUS	BA1100	缆索式	绞车、钢丝绳牵引台车	油缸	JFJ De Nul	2007
GIAN LORENZO BERNINI	Liebherr P995	缆索式	绞车、钢丝绳牵引台车	油缸	JFJ De Nul	2013
Samson	BA1100	缆索式	绞车、钢丝绳牵引台车	油缸	DEME	2008
津泰	BA1100	缆索式	绞车、钢丝绳牵引台车	油缸	天津航道局	2010
BALDUR	Komatsu PC5500	缆索式	倾斜钢桩	油缸	Boskalis	2009
GOODWIN SAND	Liebherr P982	环梁式	—	—	Boskalis	—
长鹰 8	Liebherr P995	缆索式	绞车、钢丝绳牵引台车	油缸	长江航道局	2020

3. 大型反铲挖泥船的发展

根据国际通用的统计方式,反铲挖泥船根据装机功率的不同可以分为 4 类:装机功率小于 500 kW 以下的为小型反铲挖泥船;装机功率介于 500 kW 和 1 000 kW 之间的为中型反铲挖泥船;装机功率介于 1 000 kW 和 2 000 kW 之间的为大型反铲挖泥船;装机功率大于 2 000 kW 的为重型反铲挖泥船。

大型和巨型反铲挖泥船由于其作业特点和对挖掘底质的广泛适应性,在疏浚船舶中是仅次于绞吸挖泥船和耙吸挖泥船的重要船型。由于其作业载荷大,作业流程涉及钢桩抬船移船和铲斗机的配合操作,船体结构复杂,基本全船采用高强度钢,作业机构和船体连接局部结构设计难度大,其设计和建造技术主要掌握在欧洲人手里。

2010 年,我国建造了由 De Donge 船厂设计的"津泰"重型反铲挖泥船(见图 2 - 76),配备 De Donge 船厂研发的 BA1100 系列铲斗机,成为我国拥有的最大的反铲挖泥船,后因海损事故多次对船体和作业系统进行了改造。当时各大公司看好不带动力系统铲斗机所具有的优势,建造了一批配备 BA 系列的反铲挖泥船,但由于其铲斗机自身的缺陷,后续多艘铲斗船更换了 BA 系列铲斗机。

图 2 - 76　"津泰"反铲挖泥船

2004 年以后世界上新造或改造的反铲挖泥船越来越大型化,船长最大达到 73.10 m,型宽最大到 23.04 m,斗容最大达到 40 m³,10 m³ 以上的挖机功率多在 2 000 kW 以上。每一个反铲挖泥船一般都配备 2～3 个铲斗,有些反铲挖泥船还配备直臂抓斗和振动碎岩锤。大部分新建反铲挖泥船配置有两个辅助推进器,以实现船舶在作业区域的快速近距离移船和船舶辅助定位,同时,大都采用行走台车移船方式,台车行走由绞车和滑轮组实现,基本上采用绞车钢丝绳升降方式,也有少数中小型反铲挖泥船采用油缸升降,如表 2 - 11 所示。

表 2 - 11　部分反铲挖泥船参数

船　名	船长/m	船宽/m	吃水/m	反铲机型号	斗容/m³	最大挖深/m	总装功率/kW
Wodan	56.38	17.37	1.65	Liebherr P995	9.5/16	23	3 750
BALDUR	73.10	19.00	3.38	Komatsu PC5500	24/17.5	14	3 161
GIAN LORENZO BERNINI	60.00	18.00	3.10	Liebherr P995	8.5/25	20/30	2 150

（续表）

船 名	船长/m	船宽/m	吃水/m	反铲机型号	斗容/m³	最大挖深/m	总装功率/kW
Pinocchio	60.00	19.00	2.50	Liebherr P996	21.5	5/37.2	2 416
IL PRINCIPE	60.80	16.00	2.80	Liebherr P995	5.8/19.5	21/30	1 800
VITRUVIUS	64.90	20.40	3.35	BA 1100	15/25/40	18/26/32	3 700
MIMAR SINAN	64.90	20.40	3.35	BA 1100	15/25/40	18/26/32	3 700
Samson	66.85	18.00		BA 1100	15/20/25/40	26	3 854
POSTNIK YAKOVLEV	66.90	21.60	3.35	BA 1100	15/25/40	18/26/32	3 700
Goliath/Simson	66.85	23.04	3.25	BA 1100	15/20/25/40	26	4 126
津泰	66.85	18.00	2.75	BA 1100	27	26	4 150
长鹰 8	72.35	20.8	3.50	Liebherr P995	7/13/18	22	4 188

我国完全自主设计建造的重型反铲挖泥船是上海交通大学为长江航道局设计的"长鹰 8"号重型反铲挖泥船，设计单位经过长期的研究，解决了此类船型的环境载荷预报、安全抬船高度设计、动稳性分析、复杂结构设计、特种桩定位系统研制等关键技术，完成了我国第一艘具有完全知识产权的重型反铲挖泥船设计建造，如图 2-77 所示。

图 2-77 "长鹰 8"反铲挖泥船

2.6 地基处理船

水下很多工程涉及海床地基处理,比如水下工厂的基地、海底沉管隧道的基槽和堤坝基础等,特别是对于水下淤泥质的软地基处理,在国内形成了一套完整的工艺,如先铺放用土工布制成的软体排,然后抛放巨型沙袋压实,最后用碎石填埋、整平,形成可承重而且能渗水的地基[22]。为此开发出软体排铺设船和抛石整平平台等软地基处理船。

2.6.1 软体排铺设船

常用软体排有两种结构形式,一种称为沙肋软体排,它是在土工布上每隔 0.5 m 缝制一根直径 0.3 m 的布袋,袋内充沙,形成沙肋,作为压重。另一种称为砼联锁块软体排,它是将预制的水泥块用绳索绑扎在土工布上制成。整张软体排的尺度根据工程需要确定。

软体排铺设船的任务就是在船上制作软体排,然后将其准确、平整地铺设在水下基床上,图 2-78 所示为一艘正在作业的软体排铺设船,船长为 70 m,型宽为 20 m,型深为 4.2 m,设计吃水为 3.2 m,铺排作业吃水为 1.8 m,最大铺排宽度为 39.2 m,连续铺排长度超过 140 m。

图 2-78 "三航长专 3"软体排铺设船

软体排铺设船除了具有普通船的船体、动力以及电气设备系统外,还具有一套有效、安全的软体排制作及铺设装备,该装备主要包括如下 5 个子系统。

(1) 大型卷筒装置及驱动与操作系统,如图 2−79 和图 2−80 所示。卷筒是一个由钢板卷制、由内部骨架加强的大长径比的圆筒,用滑动轴承支撑在两端,具有足够的强度与刚度。它的一端用电机、齿轮箱及离合器驱动,主要用于装卷排身(土工布)和承载铺排过程中产生的部分张力。它的驱动和操作系统用于控制铺排过程。

图 2−79 卷筒

(2) 大型翻板系统,包括翻板、转动机构及驱动装置,如图 2−81 所示。该系统的作用有两个,一是在翻板上制作首段软体排,制作完成后,翻板翻转,软体排利用自重在卷筒控制下下滑;二是引导后续制作的软体排,使其平整地铺设到基床上。

(3) 导梁。在软体排的铺设过程中,软体排的悬挂重量、水流作用力及移船等都使排身产生巨大的冲击力,若这个力直接作用于卷筒上会导致卷筒产生大变形,影响卷筒的设计和铺排的质量。导梁是两端固定于船体甲板上的强力构件,它的作用是利用排身绕过导梁产生的摩擦力平衡大部分冲击力,以减少卷筒的受力和变形,如图 2−82 所示。

(4) 定位和铺排控制系统。它主要包括移船设备(锚、缆索和绞车等)、船舶

图 2 - 80 卷筒系统

图 2 - 81 翻板系统

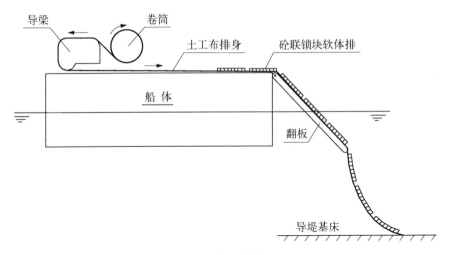

图 2-82 导梁

的 GPS 定位系统、铺排控制系统等。

（5）软体排制作设备，包括冲沙、冲水、起重等设备。

施工作业时，首先将整张土工布卷在卷筒上，置翻板于水平位置，将首段土工布平铺在甲板和翻板上；在翻板和甲板上制作软体排；船定位后放下翻板，驱动卷筒装置，软体排依靠自重沿翻板下滑；排首到达基床后，移船并同步放排；然后在甲板上制作下一段软体排，完成后再移船并同步放排，直到完成整张软体排铺设。

软体排铺设船的另一用途是在铺放有软体排的基床上抛放巨型沙袋，如图 2-83 所示。

图 2-83 铺设抛放沙袋

2.6.2 抛石整平平台

早期为了在深水铺设碎石基床,在浚挖海底基床时,先超挖 60～80 cm,再通过抓斗或输料管将碎石铺放在基床上,最后用刮板刮平。此方法作业时间长,效率不高,且精度难以控制,在流速大、回淤快的水文环境条件下施工困难。对于此类工程,目前多采用专用的抛石整平平台,如图 2 - 84 所示,该平台是专用于长江口整治的"航工平 1"。

图 2 - 84 "航工平 1"抛石整平平台

这是一座带大桩靴的四桩腿的自升式平台,主要参数如表 2 - 12 所示。

表 2 - 12 自升式平台主要参数

船长/m	39
船宽/m	36
型深/m	3.2
设计吃水/m	1.5
桩腿直径/m	2.1

（续表）

桩腿长度/m	28
桩靴尺寸/m×m	16.8×11.8
桩靴高度/m	2

平台的桩腿依靠液压油缸和环梁升降。作业时，桩靴坐落在铺有软体排的基床上，升降系统可将平台升离水面，以减少波浪和流载荷对平台的作用。它的主要任务是完成长江口导堤基床的碎石抛放与整平，实现碎石抛放与整平过程合二为一。

"航工平1"的抛石整平系统由2台25 t克令吊(英文crane的译名，船用起重机)、2个刮刀架固定滑块、1个刮刀架、1个石料溜槽、4条滑动导轨以及由2台200 kN液压绞车、1台5 t电动绞车和若干滑轮组成的牵引子系统等组成，如图2-85所示。

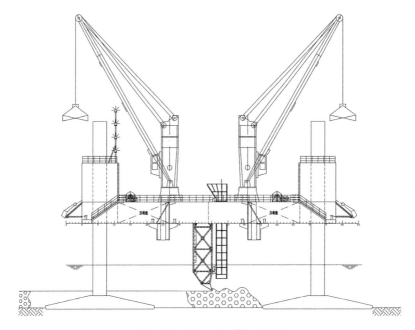

图 2-85 "航工平1"作业原理

刮刀架、刮刀架固定滑块和石料溜槽安装在平台中间 28 000 mm×16 000 mm 的开槽内;在平台开槽两侧的主甲板上和船底下各设置有一条滑动导轨,共有 4 条滑动导轨,导轨与平台采用焊接连接;刮刀架和 2 个刮刀架固定滑块组成刀架机构,刀架机构可以在牵引绞车的牵引下沿着上下导轨前后移动;刮刀架安装在固定滑块中,可在固定滑块中上、下移动,其上、下移动靠平台 2 个克令吊完成,刮刀架吊到位后,用插销与固定滑块锁死;石料溜槽悬挂在刮刀架前面,可以沿着刮刀架上滑轨左、右移动,以便于抛石,其左、右移动由安装在刮刀架上的 5 吨电动绞车完成,同时石料溜槽也可随刀架机构在开槽内前后移动。固定滑块移动带动刀架和石料溜槽一起运动,从而完成抛石整平工作。

平台每次定位后的最大刮平长度为 21 600 mm,宽度为 14 000 mm。

1. 起重机(克令吊)

2 台起重机安装在平台主甲板的左右两舷,布置在平台左舷的一台起重机起吊能力为 25 t、吊幅为 28.0 m;布置在平台右舷的一台起吊能力为 25 t、吊幅为 24.5 m。每个起重机并配备有 3 m³ 的电动抓斗。起重机的主要功能是从停靠在平台两侧的石料驳船上抓取石料,并通过石料溜槽抛放到软体排上,起重机的另外功能是吊放刮刀架和石料溜槽。

2. 刮刀架

刮刀架的尺寸为 12 900 mm×14 000 mm×3 000 mm,采用桁架结构(见图 2-86)。为了实现刮刀架在固定滑块中的上下移动,在刮刀架的 4 个角上都有沿滑槽上下移动的导向块。在刮刀前部悬挂有石料溜槽,石料溜槽需要左右移动,才能满足抛石宽度的要求,因此在刮刀架上部和下部共设有 2 条横向导轨。

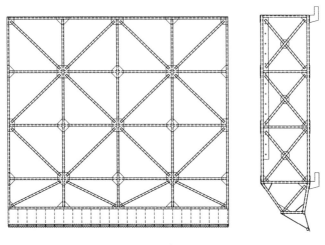

图 2-86 刮刀架结构

为了使整平工作顺利完成,刮板略向前倾斜,在刮板底部焊接一块加厚板,加厚板损坏后可以更换,以防止上部刮板损坏。

刮刀架上升和下降由平台上两台吊车完成,在被吊到位后,用销子与固定滑块锁死,但刀架和溜槽总重超过了两台起重机联吊的允许能力。为了解决这个问题,在刀架底部设置一浮箱,浮箱总排水体积为 45 m³ 左右,增加浮箱使刀架重量增加 9.4 t,增加浮箱后刀架、溜槽总重约 65.5 t,减去浮力后重约 21 t,只要每次刀架浮箱不吊出水面,不用卸溜槽就可以利用吊车进行刀架升降调节。为了满足不同工作水深要求,在刀架上设置数道销孔。

在刀架顶部有一工作平台,溜槽左、右移动的牵引机构就设置在该平台上。

3. 刮刀架固定滑块

刮刀架固定滑块为一桁架加箱形结构,如图 2-87 所示,其主要尺寸为 4 800 mm×2 240 mm×5 000 mm。分为上箱体、下箱体和中间桁架,上、下箱体分别与中间桁架的上、下顶板用螺栓连接,便于滑块的装配和维修。固定滑块可以沿平台导轨前后移动,移动是由设置在甲板上的绞车完成,左右滑块分别独立,不相互连接,每个滑块上有两条刀架上下移动的滑轨,刀架和每一个滑块之间都设有两套插销机构,可以把刀架与固定滑块连为一体。

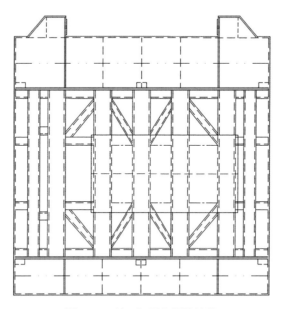

图 2-87 刮刀架固定滑块结构

刀架系统前进或复位的绞车牵引系统的滑轮安装在刀架固定滑块上,两个固定滑块上前进或复位的钢丝绳串连在一起,可以保证两个滑块前进或复位同步,并受力均匀。牵引刀架前进的钢丝绳滑轮安装在刀架固定滑块内部,以利于增加整平长度,刀架复位的钢丝绳滑轮安装在刀架固定滑块顶部。

4. 石料溜槽

石料溜槽为一漏斗形结构,其主要尺寸:总长为14 100 mm,漏斗开口为 4 500 mm×3 100 mm,下部溜筒尺度为 2 000 mm×1 500 mm。溜槽的扶强材安装在壁外。溜槽结构如图 2-88 所示,在溜槽上设上、下两条悬挂装置,溜槽主要靠上悬挂装置重悬挂在刀架前面,下悬挂装置起辅助导向作用,左、右移动由一台 5 t 电动绞车完成,绞车安装在刀架平台上。

5. 牵引子系统

刀架工作的牵引子系统由两台 200 kN 的液压绞车驱动,其中一台液压绞车牵引刀架系统向前运动,完成抛石整平工作,另一台绞车牵引刀架系统复位。采用钢丝绳直径为40 mm。向前运动时,在刀架两侧各有 3 饼滑轮,滑轮安装在刀架固定滑块内部,刀架向前整平速度为 1～1.2 m/min。复位运动时,在刀架两侧各有一饼滑轮,滑轮安装在刀架固定滑块顶部,刀架复位时速度为 3～3.5 m/min。

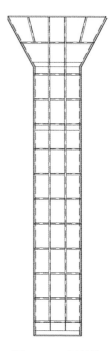

图 2-88 石料溜槽结构

溜槽左右移动采用 5 t 电动绞车,绞车可以正反转,卷筒为双出绳,两个出绳应分别串接在溜槽两边,绞车通过正反转,驱动溜槽往返移动。

平台的作业流程如下:

(1) 平台拖航到施工地点,停泊抛锚;

(2) 利用 GPS 准确定位,下桩升船;

(3) 石料运输驳船停靠就位;

(4) 把刀架锁紧在滑块上,牵引两滑块,检验牵引系统性能及滑块能否在滑道上正常移动;

(5) 调节刀架和溜槽到工作位置;

(6) 利用声呐水平仪和 GPS 组成的测量系统测量基床高程和平整度;

(7) 利用起重机和电动抓斗从停靠的石料运输驳船中抓取石料,放入溜槽,抛放水下基床上。边抛放、边测量抛石面高程和平整度,并控制石面高程;

(8) 利用溜槽,调整抛石位置,完成一个工作宽度的碎石抛放;

(9) 调节刀架高度,用牵引系统移动刀架,整平一个工作宽度的碎石;

（10）反复完成（9）的动作，实现一个工作长度碎石抛放与初整；

（11）测量抛石面的高程和平整度，牵引刀架，在一个工作长度内整平，确保平整精度目标值不超过±2 cm；

（12）重复下一个循环，进入（1）的操作。

3

海上大型工程船的共性技术与装备

海上大型工程船的船型千差万别,为完成各种海上施工作业,还需带有不同功能的施工装备,但其设计会存在一些共性的原理和技术,如总体设计方法、特种结构设计等;其配套产品也有许多具有相同功能的装备,如定位装备、压载调载系统、电站及管理系统、波浪补偿系统等。

3.1 总体设计方法

海上大型工程船是为完成特种工程施工而设计建造的,作业任务各不相同,施工区域覆盖了风浪条件较好的沿海,又包括了海况恶劣的远海,与运输船舶相比,具有船型特殊、工况复杂、设备繁多、功率密度大等特点。在海上大型工程船的总体设计中,虽然也要解决带有系统性和全局性的重大问题,如主要要素的确定、总体布局的设计、动力装置优化配置和外载荷计算方法等,但与普通运输船相比,还是有着不同的规律。

3.1.1 主要要素确定

常规运输船舶的设计以装载能力和航速为基本出发点,其主尺度和主机功率等参数与载重量、航速密切相关,通常载重量和航速确定后,其主尺度和主要设备的参数范围也基本能确定了。海上大型工程船的船体尺度和施工设备参数主要是由船舶的作业能力来确定的,特别是主要作业装备,如起重船的起重能力就是首先需确定的因素,船体尺度和压载调载系统都以起重能力为出发点展开设计;自升式风电安装船的起重能力、吊机形式(是否绕桩吊等)、甲板面积和作业水深等是此类船设计时的基本出发点,船体尺度确定和定位桩设计要满足这些功能要求。对于作业系统更为繁多的海上大型工程船,如大型绞吸挖泥船,其作业能力和设计参数之间的关系则更为复杂,其主要参数确定的流程如图 3 - 1 所示。

与常规运输船舶不同,海上大型工程船的数量相对较少,几乎每条船的设计都有不同的需求定位,无法用统计方法建立目标函数与主尺度之间的定量数学模型,采用最优化理论来进行型式的论证和优化,其主尺度的优选和论证主要采取针对具体问题具体分析,通过方案设计的逐步深化来认识和优选。

以海上大型绞吸挖泥船为例,需要综合考虑总体布置地位要求、排水量、浮态、稳性、耐波性、操纵性、总强度、规范法规要求等开展总体尺度设计。

船长选择考虑的因素最多,涉及布置地位、排水量、快速性、运动性、浮态、船

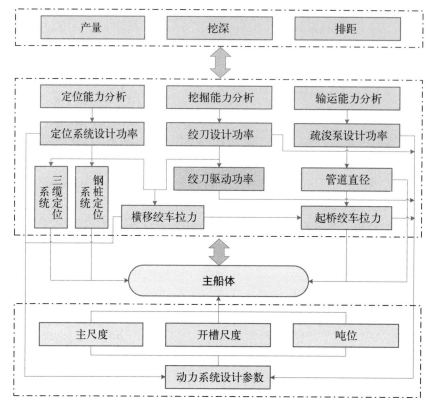

图 3 - 1　大型绞吸挖泥船的主要参数确定流程

体总纵强度等。绞吸挖泥船的设备多,主船体主要包含以下区域:钢桩台车布置区域、机舱区域、泵舱区域、桥架开槽区域,根据主要设备的配置方案通过总布置的设计,可大致确定各区域的所需长度,由此可估算出主船体的长度范围。

船宽的选择主要取决于排水量、布置地位的需要以及船舶的稳性。从排水量方面考虑,在船长、吃水和方形系数基本确定后,相应的船宽也可初步确定。

绞吸挖泥船型深的选择主要考虑以下因素:满足最小干舷的要求、总纵强度和机泵舱对高度布置地位的要求。适当增加型深有利于增加储备浮力和船体剖面模数,对总纵强度有利。

适当增加吃水可以有效地获得船舶的排水量,提高船舶的装载能力。考虑到绞吸挖泥船大型作业设备多,建造时重量控制难度大,因此设计中应考虑足够的排水量裕度。

除了主船体参数,海上大型工程船的主要施工装备设计参数也是总体设计要考虑的重要工作。如绞吸挖泥船的泥泵及管道输送设备参数的设计,要综合考虑输送土质、输送距离、疏浚能力要求、挖掘设备配置等因素,通过详细计算分析确定。

3.1.2 总体布局设计

海上大型工程船基本都是布置地位型船舶,总体布局设计主要考虑施工设备布置和作业空间需求,以作业流程为基础进行总体布局设计,保证海上施工作业顺畅和设备维修方便。

对于作业流程相对简单、施工设备相对较少的海上工程船,如半潜驳,舱内基本都是压载舱,甲板上则是高耸的甲板室、多个提供浮力和保证稳性的塔楼以及尽量大的甲板面积,其总布置特点是生活场所和驾驶室居于船舶首部,其后往船尾方向是宽敞的平甲板空间,多个塔楼分布于此甲板空间的四个角点,有的半潜驳为了实现前后甲板贯通,仅在甲板四角布置塔楼,并将生活舱室和监控室设在塔楼上,从而拥有前后左右贯通的宽阔甲板,适合超大件货物的灵活装载。

大部分海上大型工程船的施工作业涉及多个作业装备的配合,对于作业工序繁多、作业流程复杂的海上大型工程船,如铺管船,整个施工流程包括管件的吊运、焊接、探伤、张紧、托架下放等步骤,其主甲板上的布置就像流水线工厂,艏部布置生活区域等上层建筑,艉部布置起重机,其作业范围覆盖甲板上的管件处理区域,主甲板以下舱内的布局则相对简单,如图 3-2 所示。

对于多个作业系统协调配合的海上大型工程船,则其总体布局更为复杂,总体设计中的矛盾更多,需要统筹考虑,如绞吸挖泥船,作业时需要定位系统、挖掘系统、输送系统和监控系统协调配合,因其固有的作业特点,总体布局为挖掘系统和定位系统分别布置在船体的两端,输送系统的泵舱紧邻着桥架,机舱紧邻着泵舱。

对于非自航绞吸挖泥船,通常桥架布置在艏部,定位系统布置在艉部,调遣时采用尾拖方式。而对于自航绞吸挖泥船,采用哪一端作为航行时的船首,对航行阻力性能、适航性能以及驾驶盲区等有重大的影响,也是自航绞吸挖泥船设计的难点之一[23]。目前,世界上自航绞吸挖泥船这两种船首方式都有,如世界最大的疏浚集团杨德诺等公司的自航绞吸挖泥船"Willem van Rubroeck",把钢桩台车布置在船首,如图 3-3 所示;而世界上另一疏浚巨头比利时的 DEME 公司的自航绞吸挖泥船则基本上是以桥架端作为船首,如"Spartacus",如图 3-4 所示。我国的"天鲲号"和"天鲸号"也分别采用这两种方式。

对于桥架绞刀端船首和台车端船首这两种自航绞吸挖泥船船型,通常有以下认知:在阻力性能上,绞刀端船首由于船首桥架开槽,增加了形状阻力,阻力

图 3-2 铺管船总体布局

图 3-3 "Willem van Rubroeck" 自航绞吸挖泥船

性能较差,但可通过桥架形状配合船体线型设计改善;台车端船首可以封闭,阻力和耐波性能较好。在总布置与浮态方面,绞刀端船首船舶布置调整方便,船舶布局更合理,尾部三缆定位等布置比较方便,机舱和其他舱室布置容易,具有更好的浮态,浮态也容易控制;在相同作业能力情况下,台车端船首方案的船体主尺度更大,三缆定位系统布置困难,艏部开门配合倒桩,增加了相关的机械装备,

图 3 - 4 "Spartacus"自航绞吸挖泥船

钢桩台车的布置比较复杂,也增加了倒桩的难度和时间,而且船舶浮态也较难控制,设备重量需要尽量向船首布置,可能还需要在船首加固定压载,减少了船舶的载重量,还要进一步考虑总纵强度问题。驾驶视域方面,由于大型门架的存在,绞刀端船首可能会影响驾驶视域;台车端船首则由钢桩台车引起的驾驶视域问题也较难解决。在结构性能上,绞刀端船首的船体结构相对简单一些;台车端船首的船首结构复杂。

两种船型在艉艏的线型上亦有很大差别,船舶设计者正在寻求两种线型的折中方案。

3.1.3 动力系统优化配置

海上大型工程船的动力设备配置要满足施工作业或正常航行下的能源需求,通常海上大型工程船施工作业和航行往往不是同时进行,且对自航速度的要求并不高,此类船型的动力配置通常先考虑实现设计作业能力的动力需求[24]。

对于作业工况简单的海上大型工程船,其作业时的功率需求比较单一,而对于工况复杂的情况,则需要做详细的多工况动力需求分析。以绞吸挖泥船为例,绞吸挖泥船疏浚能力强,适应淤泥、粉质沙土、黏土、密实砂土、碎石土、砾石和强风化岩等各种土质,若其功率配置按某一个标准的设计工况,即假定某种土质、挖深、排高和排距,以完成这一标准作业工况进行动力装置配置和作业设备设计，常常会出现实际工况与设计标准工况不同，使动力装置能提供的功率与作业装备所需功率不匹配[25]。例如，当土质好挖时，绞刀功率富裕，就希望提高泥浆浓度，但受泥泵的功率限制；相反，当面对难挖土质时，绞刀用足功率去挖，泥浆浓度仍可能很低，此时泥泵能力难以全部发挥。这种不匹配产生如下结果：① 施工设备、动力装置的效能不能充分发挥；② 作业效率降低；③ 实际的油耗成本增加；④ 节能减排和经济效益下降。

在动力系统的配置中，实现以产能为目标、平衡配置为准则的优化配置，是设计者一直追求的目标。在绞吸挖泥船的发展过程中，随着技术的进步，其动力系统的配置也出现多种形式，主要有直接驱动、混合驱动和全电驱动等方式：

直接驱动方式指的是船上的各主要设备如泥泵、液压泵站、推进器均由柴油机直接驱动，各动力设备间相互独立，操作简单，安全性较高，是早期绞吸挖泥船采用的驱动方式，相对应的此种驱动方式柴油机数量多，总功率相对较大，冗余度小。由于这种驱动方式设计简单，管理方便，在实际应用中，仍然是小型挖泥船的首选驱动方式。

混合驱动方式则是在电力驱动技术发展后，在绞吸挖泥船上所采用的一种动力驱动方式，通常船上配置大功率发电机组，舱内泥泵由柴油机直接驱动，其他设备如水下泥泵和绞刀等则采用电力系统驱动。用此种方式，柴油机有一定的冗余，具有一定的功率分配能力，能耗较低，是一种性价比较高的配置方式，但系统较为复杂，投资较高，总体布置上对空间地位有一定要求。在实际应用中，由于泥浆排距的变化，柴油机直接驱动，适应不同排距的能力有限，根据现有实船作业数据的调研，柴油机直接驱动泥泵的绞吸船，在使用中会出现舱内泥泵柴油机与主发电机组的负荷较低，双泵作业产量不高或者三泵作业经济性差的情况。

全电驱动方式则是所有动力设备全部采用变频电力系统驱动[26]。通常船上配置 3 台或 4 台规格一样的柴油发电机组，向全船动力设备供电。此方式设备利用率高，柴油机数量少，规格型号统一，维修管理方便，冗余大，总能耗低，但电力系统复杂，投资较高，能量转换中存在一定的能量损耗，管理要求高，适合大型自航绞吸挖泥船。

全电驱动方式需要设置全船总电站，配置功率管理系统，如图 3-5 所示，能根据工况需求统一进行功率调节，实现各种作业设备的功率合理分配，使绞吸船能根据实际的作业条件，任何时候都能以一种适宜的能力和较佳的状态来工作。这种管理控制方式必须要求主要用电设备是变频控制的电力驱动。比如舱内泥泵采用变频电机驱动，当舱内泵轴功率需求下降时，电动机由变频器控制转速随之降低，并且电动机效率不会像柴油机那样快速下降，依然可以处于比较高效率的功率输出段,并且能保持恒扭矩输出,相比柴油机驱动能够更好地适应泥泵多变工作特点。

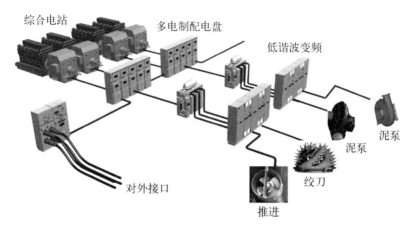

综合电站　多电制配电盘　低谐波变频　泥泵　泥泵　绞刀　推进　对外接口

图3‐5　绞吸挖泥船全电变频动力系统配置

目前这三种驱动方式在各类型绞吸挖泥船上皆有应用,设计中应根据绞吸挖泥船的大小、主要工作需求、是否自航等因素综合考虑。

3.1.4　设计载荷预报技术

随着海洋大型工程船大型化和向深远开敞海域进军,除了工程船本身巨大的作业载荷,恶劣的环境载荷对工程船的安全作业也提出了巨大的挑战。设计任务书中的环境条件对作业系统和定位系统的设计有决定作用。

由于海上大型工程的作业和作业设备布置需求,它的线型都比较特殊,船体与作业设备的连接复杂,这使设计载荷计算更加困难,海上大型绞吸挖泥船的设计载荷计算是典型的例子。

在海上大型绞吸挖泥船设计中,由于其船型和作业特点,要考虑的载荷有绞刀挖掘载荷、横移锚载荷、定位系统载荷和环境载荷等,还要考虑桥架系统和钢桩台车定位系统等装备和主船体之间的相互作用,是一个复杂的多体水动力学问题,如图3‐6所示[27]。

绞吸挖泥船作业时的环境载荷主要考虑风、浪和流载荷的作用。其中风载荷可根据各船级社规范推荐方法估算或由风洞试验确定;流载荷可以采用相近船型近似估算或计算流体力学方法进行计算,石油公司国际海事论坛和代尔夫特理工大学曾分别对自航油轮和非自航绞吸挖泥船做过流载荷试验,并形成了相应的流载荷系数图谱,如图3‐7所示,设计初期可以用来估算作用在船体上

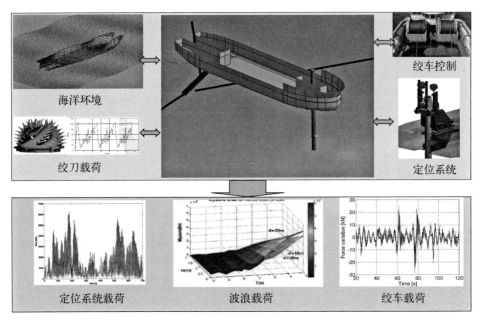

图 3‑6 海上大型绞吸挖泥船设计载荷

的流作用力和力矩,对于作用在小型桥架和钢桩上的流载荷,可以采用莫里森公式进行估算。

设计海上大型绞吸挖泥船时需要考虑开敞海域恶劣的环境条件,特别是波浪作用在船体上的动力载荷。绞吸挖泥船在波浪中作业时,断桩事故时有发生,研究结果表明,波浪产生的纵向载荷会使船体、钢桩、桥架耳轴承受巨大的作用力,导致钢桩反力超过安全界限,是出现断桩不能作业的重要因素[28]。

作用在绞吸挖泥船上的波浪载荷,可以忽略小尺度结构物如钢桩等对流场的影响,采用莫里森公式进行计算;对于船体或大型桥架,由于入射波受船体影响将产生严重的绕射或反射,波浪的惯性力和绕射力是主要分量,而边界层的分离并不明显,可以使用势流理论来计算,它设定速度势存在并满足拉普拉斯方程和 4 类边界条件,即自由面条件、海底条件、物体湿表面条件和辐射条件,根据拉普拉斯方程和边界条件可以唯一地确定出速度势,然后按伯努利公式计算物体湿表面上的压力,图 3‑8 所示是海上大型绞吸挖泥船的水动力计算模型。

绞刀所受的切削力可以分解为作用在中心三个方向的力和扭矩:轴向力、水平方向的力、垂直于轴向及水平方向的力和扭矩,可根据绞刀功率、绞刀直径和绞刀转速采用近似公式估算,亦可建立详尽的刀齿或绞刀作用模型进行数值

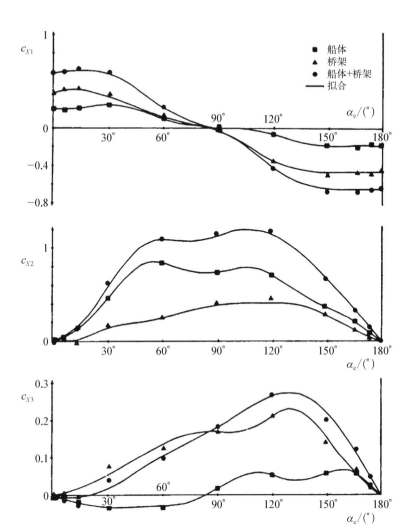

图 3-7 流载荷系数

预报。绞刀作业载荷如图 3-9 所示。

当绞吸挖泥船绕定位桩旋转时,其横移系统一侧锚缆起主要拉动作用;而为了防止转动过程中引起桥架摆动,另一侧锚缆往往设有一个预张力,一般取较大锚链拉力的 30%。

考虑作业时桥架、船体、钢桩的相互作用,需建立水动力相互作用仿真模型,充分考虑非线性因素影响,在时域内求解多体动力学问题,得到环境载荷、船体所受载荷和各连接处载荷的时间历程,再通过谱分析方法可预报绞吸挖泥船不同作业阶段各设计载荷的统计值,为定位桩和柔性钢桩台车系统的设计提供依

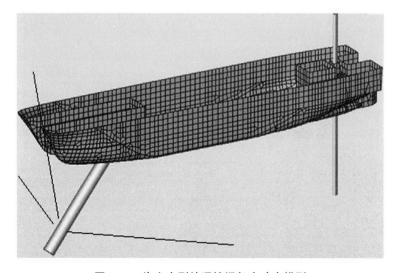

图 3 - 8　海上大型绞吸挖泥船水动力模型

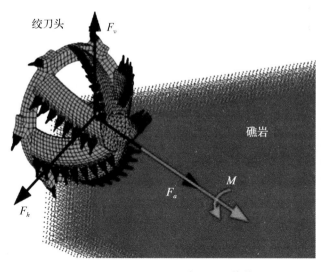

图 3 - 9　绞刀作业载荷

据,为作业设备和作业范围的确定提供参考。

　　对于反铲挖泥船,在作业过程中,3 根钢桩将反铲挖泥船部分抬出水面并限制其 6 个自由度的运动,形成一个稳定水平平台,保证安全作业。然而,巨大的环境载荷、作业载荷、抬船引起的重力浮力之差都经由船体传递到支撑钢桩上。钢桩起桩钢丝绳断裂、土体塌陷、钢桩大变形等事故会导致钢桩失效,而钢桩失效一般发生在船尾两桩之一。在单桩失效的情况下,船舶会绕着完好的两桩连线为轴发生明显倾斜,甲板大面积入水,一旦淹没进水口,则会发生严重的倾覆。

在实际工程作业中,国内外反铲挖泥船因钢桩失效而倾覆的事故多有发生,图 3-10 所示是失效事故现场[29]。

图 3-10 反铲挖泥船钢桩失效事故

因此针对反铲挖泥船面临的此类特殊问题,在初步设计过程中就必须充分考虑其作业过程中的抬船高度和动稳性问题,其关键是环境作用载荷和船体运动的精确预报。在反铲挖泥船三桩定位时,采用多体水动力学方法,研究单桩失效状态下的动稳性问题,考虑桩土相互作用,通过模拟土壤对桩腿运动产生的作用,建立全面的船体和定位桩的水动力模型,在时域中模拟桩定位反铲挖泥船断桩发生后船体运动情况,寻找运动规律,为船舶总体设计和定位系统设计提供依据,图 3-11 为反铲挖泥船的载荷计算及定位系统设计流程。

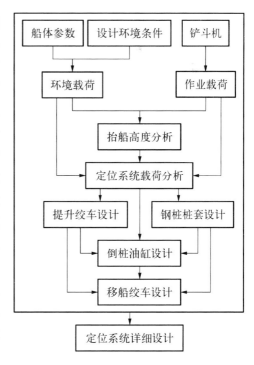

图 3-11 反铲挖泥船定位系统设计流程

3.2 特种结构设计

大型工程船一般有着不同于常规船型的结构特点,需要布置大量特种重型机械设备,所受环境载荷和工作载荷复杂,结构设计时不仅需要保证船体结构抵御复杂载荷的能力,还需要重点关注其特有的大型特种设备的结构设计问题。

由于大型工程船主船体及其特种施工设备的结构形式复杂,同时受到较大的载荷作用,故使用简单的经验公式已不能适应特种结构设计的需要。目前常用的方法是使用直接计算法,首先建立结构的三维有限元模型,然后根据各种已知条件,核算各种工况下(作业状态和航行状态等)的结构受力和变形,进行强度评估。根据各种工况下的强度评估结果,修改结构形式和尺寸,形成优化后的结构设计方案。

3.2.1 大型工程船特种结构设计流程

大型工程船的结构设计包括主船体本身以及大型特种设备的结构设计问题。相对于主船体而言,可将各个特种设备视为工程船舶的多个子系统,考虑包括主船体和特种设备在内的多系统结构设计。与常规船舶不同的是,除了航行工况以外,工程船还需要重点关注作业工况的载荷和受力情况,特种结构设计的最不利状态往往会出现在某种作业工况。

工程船在作业状态下的结构设计和强度评估必须同时考虑环境载荷与工作载荷的作用。以大型绞吸挖泥船为例,在结构设计时需要分别建立主船体和其特有的特种设备(钢桩台车和桥架)的有限元模型,如图 3-12 所示。在工作状态下,该工程船船体—桥架—钢桩台车多系统强度评估的流程如图 3-13 所示,根据环境参数、主船体参数、工作设备参数等计算出波浪载荷、流载荷等环境载荷以及绞刀载荷、横移系统载荷与钢桩载荷等工作载荷,然后分别将其加载在船体、绞刀桥架、钢桩台车的有限元模型上,进行强度分析和评估。

工程船在航行状态下的结构设计和强度评估主要考虑环境载荷的作用。以大型绞吸挖泥船为例,在航行状态下,船体—桥架—钢桩台车多系统强度评估的流程如图 3-14 所示。此时需要计及船体所受波浪载荷、流载荷等环境载荷,以及船体和设备自身重量,进行结构设计和强度评估。

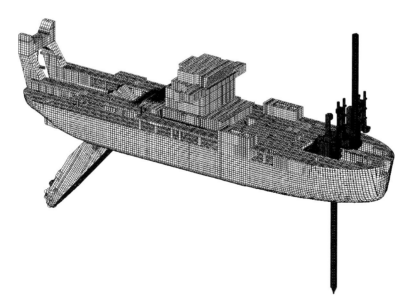

图 3‑12 工程船多系统结构有限元模型示意图

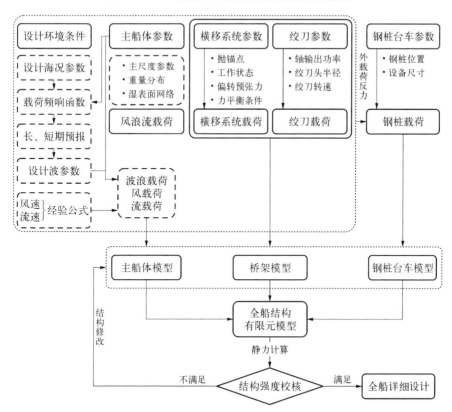

图 3‑13 工程船工作状态多系统耦合结构强度评估流程

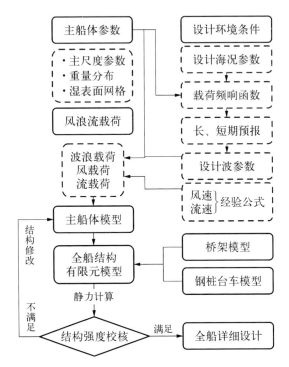

图 3‑14　工程船航行状态多系统耦合结构强度评估流程

3.2.2　典型工程船特种结构

1. 大型绞吸挖泥船的钢桩台车和绞刀桥架结构

绞吸挖泥船在工作过程中,主要依靠装在艉艄部的绞刀桥架和钢桩台车配合来完成挖掘工作,因此在工作状态下的外载荷主要作用在这两部分特种结构上,如在工作状态下钢桩与绞刀头会与泥土接触产生作用力,风、浪、流等载荷对船体的作用都会通过传递并作用到这两部分特种结构上。与此同时,绞刀桥架和钢桩台车上还安装有其他工程设备,在挖泥过程中设备的工作运行也会对其自身结构产生较大的作用力,因此需要重点关注绞刀桥架和钢桩台车结构设计,保证绞吸挖泥船结构的安全性。

1) 钢桩台车

钢桩台车系统是绞吸挖泥船重要的定位装置,由钢桩和控制其运动并与船体连接的台车所组成。台车结构主要承受来自钢桩的作用力,而其自身的功能又决定了台车上会装有许多复杂的设备。钢桩台车设计形式不同,其相应的船体结构受力情况也不同,需要根据其具体形式进行直接计算。台车在作业状态、提桩、倒桩等不同状态下,其受力情况复杂,而且每种状态都有其不同的特点,结构设计时需要在详细有限元分析的基础上,来判断该钢桩台车结构在各种状态时的强度水平,对是否满足设计和使用要求做出评价。强度分析时,除关注载荷作用力外,还要关注结构突变区域。

结构设计和分析中应考虑挖泥作业工况、提桩工况和倒桩工况进行分析。

在挖泥作业工况时,钢桩插入泥土中会受到泥土对桩底部的作用力,风、浪、流等外载荷作用于钢桩产生的作用力,从而产生泥土反力。此反力通过钢桩传递到台车结构上,对台车结构产生影响,其载荷可考虑 3 种状态,即钢桩纵向受力、钢桩横向受力、钢桩斜向合成受力。此外,由于挖泥船在工作过程中,受到波浪和涌浪的作用后船体会产生较大的运动,在挖泥船、钢桩台车上会产生较大的附加力和力矩,因此一般会在台车主体结构上设置缓冲装置,在结构强度分析时还应考虑该缓冲装置的作用载荷。

在提桩工况时,主要依靠设置在台车结构上的升降系统来完成,一般采用升降油缸和升降绳与提升夹具相连来升降钢桩。此时可考虑载荷为在升降油缸的左右支撑点处各受两倍钢桩重量的载荷作用,在升降绳与平台的左右固定端各受一倍钢桩重量的载荷作用,同时考虑自重的影响。

在倒桩工况时主要受重力的作用,而且在倒桩过程中,钢桩和托架等结构的质心在不断变化。因此,可选取典型倒桩状态进行强度分析,如垂直状态(钢桩垂直于基平面)、倾斜 45°状态(钢桩与基平面成 45°)和水平状态(钢桩平行于基平面)等三种情况,倒桩工况中采用多点约束可实现钢桩与托架结构的连接。

根据该船在风浪流作用下的受载以及绞刀工作时的作用力等外载荷分析,确定台车在不同工况下的外载荷,针对不同计算工况下的最大应力和最大位移进行计算和优化分析,使台车整体结构上的最大应力小于材料的许用应力值,台车的最大变形也满足设计要求值。一般来说,台车下支撑结构所承受的载荷最大,会产生较大的应力,因此对于支撑结构下抱箍附近的结构应进行加强或采用高强度钢,保证其有足够的强度。

此外,由于台车轨道表面精度要求很高,所受载荷较大,为保证此处的船体刚度要求,需要重点关注并进行局部加强,一般在轨道区域应每挡肋位设置强框架结构,并尽可能地保持结构连续性。

2) 绞刀桥架

绞吸挖泥船一般在船体一端开槽设置绞刀桥架,挖泥作业时将桥架放下,绞刀放到待挖的海底,然后泥泵启动,绞刀头开始挖掘作业。对于桥架而言,存在工作和放置两种状态,在不同的状态下,桥架结构会受到多种不同载荷的作用。

针对作业工况,应考虑含最大作业水深在内的几种典型水深工作状态;针对放置工况,可考虑包括水平放置和最大作业水深放置在内的几种典型放置状态。桥架在工作状态下所受载荷包括绞刀头切削力、绞刀扭矩、横移绞车拉力、桥架及设备自重等;在放置状态下仅考虑桥架及设备的自重。

一般来说,桥架起吊滑轮附近结构的应力水平较高,这是由于其承担了桥架的重量,会引起局部应力的增大。此外,桥架结构依靠耳轴与船体连接,桥架耳轴是绞刀桥架和主船体主要的连接件,桥架作业时的主要载荷将通过耳轴及其附近结构传递到主船体上,因此此处的应力水平较高,在结构设计中需注意局部加强。对于局部应力较大的地方需进行局部强度分析,进行适当的加强,以确保结构的安全。

绞刀在作业时,特别是挖掘海底坚硬岩石时,往往会引发绞刀轴系,特别是长轴系乃至整个船体结构的剧烈振动。为保证绞刀轴和船体的安全工作,除上述结构强度外,还需要重点关注结构刚度和振动问题。

挖泥船在作业时,桥架上的绞刀传动轴在轴承位置会发生较大的位移,需要单独针对传动轴进行分析,建立弹性体长轴轴系三维分析模型,计算得到各工况下绞刀传动轴各轴承处的变形以及各轴承反力,从而获得支撑点载荷、强迫位移等动态特性的变化规律,以确保其在工作过程中受到的约束反力不会使其结构受到破坏。

在此基础上,还应根据相关船级社规范和指南,进行典型作业状态下的绞刀长轴校中计算,以及轴系扭转振动、横向和纵向振动计算和校核。轴系扭转振动计算可采用解析法,在响应计算时应考虑电机和绞刀在额定工况下的激励力矩,一般电机激励力矩可取平均扭矩的 5%,绞刀激励力矩可取平均扭矩的 25%。轴系横向和纵向振动计算一般采用有限元法,计算中需考虑轴承的不同支承刚度对横向振动固有频率的影响,以及推力轴承的不同推力刚度对纵向振动的影响。设计时应保证绞刀轴系在运行范围内无共振现象,确保轴系安全运行。

2. 自升式抛石整平平台的桩腿和桩靴结构

自升式抛石整平平台作为一种专业施工装备,具有自重轻、可移动性强、适于抛石整平作业的特点。该类平台一般由平台主体、桩腿(带桩靴)、升降系统和抛石整平系统等几部分组成。其中桩腿和桩靴等特种结构的作用主要是在平台主体升起后支承平台的全部重量,并把载荷传递到海底,在平台作业时将承受较大载荷,其结构设计对平台的安全作业起到至关重要的作用。

桩腿的形式可分为壳体式和桁架式两类,壳体式桩腿由钢板焊接成封闭型的结构,其横截面是圆形或方形;桁架式桩腿则由弦杆、斜撑杆、水平撑杆组成。桩腿下端结构常设计成桩靴结构形式。带桩靴的桩腿可以适应不同地基环境的要求,对较硬的海底,桩靴设计成具有较小的支承面,甚至略带锥形;对较软的海底,桩靴的平面形状有圆形、方形和多边形。

平台在其服役期间将承受各类载荷的作用,主要有使用载荷、环境载荷和施工载荷。使用载荷分为固定载荷和活载荷。固定载荷是指作用在平台上的不变载荷,当水位一定时这些载荷为一定值,例如平台的结构自重、附属结构自重、固定的机械设备等;活载荷指与平台使用有关的载荷,按其时间变化与作用特点可分为可变载荷和动力载荷。风、浪、流等环境载荷需要根据平台的设计环境条件,依据相关规范进行计算。施工载荷是平台在建造以及海上吊运、安装过程中所承受的载荷,尤其对桩腿和桩靴等特种结构的受力影响较大,容易产生高应力区,因此,有必要校核这些载荷对桩腿等特种结构所产生的影响。

作用在海洋平台结构上的风压可以根据下式计算:

$$P = \frac{1}{2g}\gamma C_H C_s v^2 = 0.613 C_H C_s v^2$$

式中,g 为重力加速度,取 $g = 9.8 \text{ m/s}^2$;γ 为空气重量密度,取 $\gamma = 12.01 \text{ N/m}^3$;$v$ 为设计风速,单位为 m/s;C_H 为考虑风压沿高度变化的高度系数;C_s 为考虑受风构件形状影响的形状系数。

波浪载荷可采用莫里森(Morison)公式计算。按照莫里森公式,垂直作用于构件长度上的波浪力正比于水质点速度平方的拖曳力和水质点加速度的惯性力之和,即

$$F = \int dF = \int \left(\frac{1}{2} C_D \rho D U \mid U \mid + C_M \rho A \dot{U} \right) dz$$

式中,ρ 为水的质量密度;U 为在 dz 长度上垂直于构件轴线方向的水质点速度,$\dot{U}$ 为在 dz 长度上垂直于构件轴线方向的水质点加速度;C_D 为拖曳力系数;C_M 为惯性力系数;D 为构件截面的宽度或直径;A 为杆件截面的面积。

海(潮)流力的计算公式为

$$F_c = K \frac{\rho}{2} U_c^2 A$$

式中,U_c 为水的流速;A 为计算构件在垂直于流向平面上的投影面积;ρ 为海水

质量密度；K 为流力系数，通常取与拖曳力系数 C_D 同样的数值。

对于自升式抛石整平平台，一般需要考虑作业状态、升降状态、自存状态以及拖航状态进行结构强度计算，同时考虑几种不同的载荷作用方向（如横向、纵向、斜向等）。除了考虑以上提到的风、浪、流等环境载荷外，还需要对船体结构上的各种设备装置、可变载荷、舷侧靠船力、整平及吊重力矩等进行模拟。在作业状态时还需要考虑两舷侧靠船力的作用以及整平、吊重等引起的力矩作用。

当平台主体提升出水后，其支撑主要依靠桩腿和桩靴结构，尤其在桩腿上部与围胼相连处，是主体结构和桩腿桩靴结构对力进行传递的关键部位，将会出现较高应力。为避免结构破坏，应对桩腿上部与固桩区结构交界处进行局部加强，可在桩腿内部增加桁材和水平撑杆并适当加大围胼部分板厚，避免应力集中。

在对桩靴结构进行有限元强度分析时，主要考虑预压载工况、预压载偏心工况、风暴自存与作业工况以及拔桩工况。在预压载工况下，桩靴以及桩靴与桩腿的连接部位应能承受最大的预压载荷，并假定此载荷均匀分布在桩靴与海底从最初接触到桩靴完全贯入这一过程中可能接触的面积上。预压载偏心工况考虑到桩靴可能遭受的底部不均匀受力的情况，桩靴以及桩靴与桩腿的连接部位应能承受最大的垂直反力作用在 50% 的底部面积上产生的力和力矩。在风暴自存与作业工况下，桩靴以及桩靴与桩腿的连接部位应能承受最大的垂直反力和相应的水平载荷，以及桩腿下抱箍处弯矩的 50%，按最危险的方向进行叠加。通常在风暴自存和正常作业工况下，会有来自任意方向的环境载荷，因此桩靴以及桩靴与桩腿的连接部位应能承受不同方向的组合载荷。在拔桩时，桩腿上表面通常会有回填的沙土，桩腿下表面会受到吸附力，一般吸附力最大为桩腿支反力的 40%。

常规形式的桩靴在拔桩时，有时会遇到插入过深、拔桩困难的情况，甚至会出现桩靴脱落的情况。为克服常规桩靴的这一弊端，设计了可折叠式的新型桩靴。在插桩时，桩靴自动展开，分散对地基的压力。在拔桩时，折叠块自动翻转，减小桩靴的吸附力，利于桩靴拔出。图 3-15 和图 3-16 为桩靴展开状态的俯视图和侧视图。图 3-17 为桩靴拔桩翻转视图。

3. 风机运输船的井架结构

风机运输船作为一种装配和运输风机的专用船舶，需要设计运输固定与吊装特种设备，实现风机的组装和运输。该类工程船可实现风机的整机组装、运输多台风机和风机海上安装配套。为了实现以上功能，需要在甲板上设置支持风

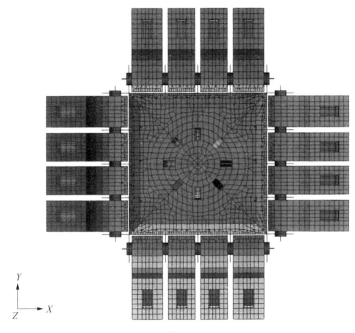

图 3-15 桩靴展开状态俯视图

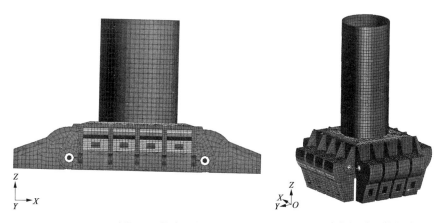

图 3-16 桩靴展开状态侧视图　　　图 3-17 桩靴拔桩翻转状态视图

机的墩座、井架结构和平衡梁,在拖航时将风机与井架结构及墩座可靠地固定。作为风机的主要支承结构,井架结构设计需要满足船级社相关规范和《海上拖航指南》的要求。

井架采用多根钢管制成,一般设计有六根腿,腿之间设有支撑连接。井架的顶部设有平台,安装平衡梁,下部与基座相连。在对井架结构进行有限元强度分析时,需要建立井架、平衡梁、风机以及主船体部分结构的有限元模型,如图 3 - 18 所示。

在拖航状态时,主要考虑作用在所运载货物即风机上的横向、纵向和垂向作用力。在计算横向和纵向作用力时,应考虑船体运动加速度引起惯性力与风作用力和海水飞溅冲击力。

计算垂向作用力应考虑船体运动的垂向加速度和井架自身重量的影响。

风机所受载荷通过平衡梁结构传递到井架结构,进而传递到与井架根部相连的船体甲板结构,井架根部附近的局部区域往往是高应力区,需要特别注意局部加强,设计时应尽量合理分散载荷以避免应力集中。一般在主船体甲板上设置足够强度的井架基座,并通过螺栓与井架连接。通过井架强度分析并获得井架每根杆件下端的约束力,即可对井

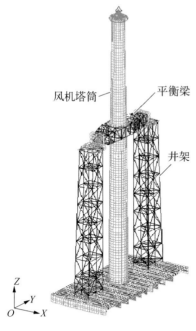

图 3 - 18 井架结构强度分析的有限元模型

架根部的螺栓强度进行校核。

另外,井架上部的平衡梁不仅是固定风机的重要部件,也是吊运风机的工具,它与井架、风机塔筒的连接必须牢固可靠、拆装方便,它的受力复杂,而且很大,对其设计必须特别重视。

3.3 电站及管理系统

3.3.1 电站组成

从宏观方面来看大型工程船舶的电站和主流船型船舶电站是一致的,都是由电源装置、配电保护和控制等设备构成,是向全船用电设备提供电能和配电保护的组合装备。

电源装置主要指原动机驱动的发电机,原动机是把燃料热能转化为机械能的机械设备,发电机是把原动机机械能转化为电能的电气机械设备。电源装置也可以使蓄电池组。

电源装置分为主电源和应急电源。

主电源一般指给主配电板供电,并通过主配电板对为保持船舶处于正常操作和居住条件所必需的所有设备配电的电源。各国船级社规范对于主要电源一般都要求至少配置 2 台。

应急电源是指在主电源供电发生故障的情况下,用来向应急配电板供电的电源。应急电源可以是发电机组也可以是蓄电池组,但大型工程船舶的应急设备容量较大,一般都采用发电机组作为应急电源。

大型工程船舶由于作业设备复杂性、特殊性以及作业工况多变性,对船舶电站提出了新要求,在具体设计和配置大型工程船舶电站时不能完全按照常规主流船型电站的设计思路和方案执行。

3.3.2　大型工程船舶电站特殊性

由于动力定位的使用,使船舶电站功率容量快速增加,带来的首要问题就是如何根据船舶电站功率容量选取合适的电压等级。选取合适的电压等级关系到人员和船舶安全,同时也影响造船成本。

工程船舶属于功率密集型船舶,全船总装机功率相较于同尺寸常规船舶要大 2~4 倍。同时由于施工设备种类繁多,为了更好地利用和管理能源,工程船舶施工设备多采用电力驱动,船舶电站采用公共电站,电站同时兼顾施工设备和航行。比如,比利时 DEME 公司建造的风电安装船 Orion,总装机功率为44 180 kW,其中主电站功率为 41 220 kW,辅电站功率为 2 960 kW;同样是比利时的杨德诺公司建造的自航绞吸挖泥船 Willem van Rubroeck,总装机功率为41 346 kW,其中主电站功率为 40 800 kW。从这些新建造的海洋工程船舶可以看出,施工设备电动化和公共船舶电站已成为发展方向,而设备电动化和公共电站又必然带来船舶电站功率容量的大幅提升,常规的低压系统电站已经无法满足使用要求。

1. 电压等级选取

根据 IEC 60038 标准,国际上交流电压等级的划分,通常将 AC 50~1 000 V电压称为低压,AC 1~35 kV 电压称为中压,AC 35~230 kV 称为高压。

中国船级社《钢质海船入级规范》的第 4 篇中定义了低压系统,即指工作于额定频率为 50 Hz 或 60 Hz、导体间最高电压不超过 1 000 V 的交流系统,或在额定工作条件下导体间最高瞬时电压不超过 1 500 V 的直流系统;也定义了高压系统,指额定电压大于 1 kV 但不超过 15 kV,额定频率为 50 Hz 或60 Hz 的交流系统,或在额定工作条件下最高瞬时电压超过 1 500 V 的直流系统。

　　不管是 IEC 标准还是中国船级社规范,对于电压低于 1 000 V 的交流电,都很明确称为低压,对于高于 1 000 V 的交流电,中国船级社规范仅将 AC 1~15 kV 之间电压称为高压,而没有参考 IEC 标准细分为中压和高压。船级社之所以将高压定义在 AC 1~15 kV 之间,很大程度上是因为船舶电站的容量相对于陆上电站来说太小,电压等级几乎没有超过 15 kV 的可能。

　　随着电站容量增加,考虑到配电开关的短路分断能力、配电板母排承载电流的能力以及供配电电缆敷设布置问题,提高电站电压势在必行。

　　虽然没有标准和规范规定什么等级的电站容量对应哪个等级的电压,但根据行业的实践经验,参考如表 3-1 所示的电压选取原则可兼顾电站安全保护和初始投资等问题。

表 3-1　电压选取原则

序　号	电站容量/MVA	建议电站电压
1	<10	AC 690 V
2	>10	AC 6.6 kV
3	>50	AC 11 kV

2. 中性点接地方式

　　随着电站容量的不断增加,大型工程船舶的电压越来越多地选择了AC 6.6 kV 甚至 AC 11 kV 作为电站电压。出于对船员安全、系统设备绝缘等方面的考虑,中性点接地方式的选取成为大型工程船舶电站和电力系统设计不能回避的问题。

　　根据现行的国家标准《低压配电设计规范》(GB 50054),低压配电系统有三种接地形式,即 IT 系统、TT 系统、TN 系统,其中 TN 系统又分为 TN-S 系统、TN-C 系统、TN-C-S,如图 3-19~图 3-23 所示。

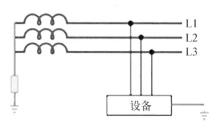

　　在这几个系统中,第一个字母表示电源端与地的关系:I—电源中性点不接地,或通过高阻抗接地;T—电源中性点直接接地。

图 3-19　IT 系统示意图

　　第二个字母表示电气装置的外露可导

电部分与地的关系：T—电气装置的外露可导电部分直接接地，此接地点在电气上独立于电源端的接地点；N—电气装置的外露可导电部分与电源端接地点有直接电气连接。

TN 系统后的 S 和 C 的含义：S 表示保护线 PE 和中性线 N 完全分开；C 表示保护线 PE 和中性线 N 合一；C-S 表示保护线 PE 和中性线 N 部分合一，部分分开。

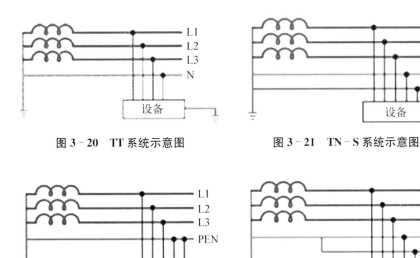

图 3-20 TT 系统示意图   图 3-21 TN-S 系统示意图

图 3-22 TN-C 系统示意图   图 3-23 TN-C-S 系统示意图

电力系统中性点接地方式涉及系统的运行方式和运行中的安全问题，在船舶行业中很长一段时间内都采用的是中性点不接地方式。

中性点不接地方式属于电力系统中的 IT 系统，IT 系统包括中性点不接地方式和中性点经大阻抗接地。此系统在正常运行时不带电的外露可导电部分，如设备的金属外壳必须单独接地、成组接地或集中接地。

中性点不接地系统能在船舶行业广泛应用，主要是因为它具有较高的供电可靠性。中性点不接地系统发生单相接地故障时如图 3-24 所示，其三相电压基本维持不

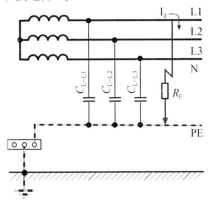

图 3-24 IT 系统单相接地故障示意图

变,三相用电设备仍可暂时继续运行,但同时另外两相的对地电压将由相电压提高到线电压,此时若再发生另一相接地故障,将会产生两相短路,导致断电,因此在中性点不接地系统中要配置绝缘监测装置或单相接地保护装置,这也是我们常常在船舶配电系统中看到绝缘监测仪的主要原因。

在船舶电力系统中,中性点接地方式是一个复杂的综合性问题,一般确定中性点接地方式的原则如下:

(1)单相接地故障对连续供电的影响最小;

(2)单相接地故障时,健全相的过电压倍数较低,不破坏电力系统绝缘水平;

(3)发生单相接地故障时能将故障电流对电动机、电缆等的危害限制到最低限度;

(4)尽量减少设备间相互影响;

(5)接地设备易于订货,接地保护简单,投资少。

中性点接地方式有中性点直接接地、中性点对地绝缘、中性点经高电阻接地、中性点经低电阻接地、中性点经消弧圈接地等。出于供电系统可靠性考虑,船舶电力系统中性点接地多采中性点不接地对地绝缘和中性点经大阻抗接地。

选取合理的中性点接地方式除了考虑上述基本原则外,还需要考虑单相接地故障、间歇性电弧过电压以及接地电阻大小等因素。

中性点不接地对地绝缘系统发生单相接地故障时三相电压维持不变,系统仍可运行,但如果再发生另一相接地故障,就会发生两相短路,导致停电。在发生单相接地故障时,流过故障点的稳态电流是单相接地电容电流。根据 ANSI 和 IEEE 标准,单相接地故障电流小于 10A 时,系统还可继续带故障运行。国内一般认为,单相接地故障电流小于 10A 时,系统允许继续运行 2 小时。

单相接地故障电容电流与系统线电压、频率和每相对地电容成正比,在低压系统中,要达到 10A 的故障电流,电缆长度要足够长。受限于船舶长度,往往电缆长度不会太长,因此在低压系统中采用中性点不接地时,即使发生单相接地故障,单相接地故障电容电流也不会超过 10A。

若相对地电容电流过大,电网对地电容中电荷积累,电网中性点出现位移电压,从而产生间歇性电弧接地过电压。过电压值可达额定相电压的 3.5~5 倍,对设备绝缘造成很大威胁,长时间运行还可能导致短路,必须对过电压采取措施加以限制。多数研究者认为电弧熄灭与重燃的时间是决定最高过电压的主要因素。

从上文已经知道,在中性点绝缘系统中,即使单相接地电容电流较小,也会由于间歇性电弧过电压的存在,使健全相的电位可能升高而破坏其绝缘水平,甚至形成相间短路故障。如果在中性点接入一高电阻给积累的相对电容电荷寻找一个释放能量的通道,则中性点电位降低,故障相的恢复电压上升速度也减慢,从而减少电弧重燃的可能性,抑制电网过电压的幅值,这也正是中性点经高电阻接地的目的。

中性点高电阻接地系统定义如下:在电力系统中,中性点通过一电阻接地,其单相接地故障时的电阻电流被限制到等于或略大于系统总电容电流值。中性点经高电阻接地后,系统发生单相接地时的故障电流值以及间歇性电弧接地过电压是否得到了有效地抑制,需要通过计算后评估。

3. 设备与布置

当电站容量增加、电压选用大于 1 000 V 的电压时,电站设备在制造和布置时都区别于低压系统。

低压配电板时,除非是电力推进船舶,一般不强制要求主配电板分段,但高压系统时要求将主配电板至少分成 2 个独立的分段,通过至少 1 个断路器或其他合适的隔离设备分隔开,每 1 分段至少由 1 台发电机供电。当 2 个独立配电板由电缆连接时,在电缆的每一端都应设有断路器。

如中性点通过大电阻接地,则应设有切断装置,以便在切断中性点接地连接后进行维修和测量绝缘电阻。

为了保护人员安全,安装在同一处所的高压电站设备的外壳防护等级一般高于低压电站设备。在安装高压设备处所的入口,一般应设有标志牌,指明高压危险。高压电站设备附近应留有足够无障碍的工作空间,以保护维修人员安全。

高压电站引出的高压电缆敷设布置时应与其他不同电压等级的电缆分开,不应该敷设在同一电缆束、槽或管道中。当高压电站电缆敷设经过居住处所时,应敷设在封闭的电缆敷设系统内。

3.3.3 电站管理

海上大型工程船舶负载大多是施工设备,具有功率扰动频繁且变化幅值大等特点,使得电站稳定运行难度大。

如果按照传统船舶方案配置电站和管理电站,需要考虑负载使用的最大功率,并根据最大使用功率来考虑电站容量,但最大使用功率往往持续时段在整个工况中占比很小,容易造成电站容量过度富裕,运行经济性低,能耗过高。

不同于运输船舶等主流船型,工程船舶一般对应的工况比较复杂,常规电站运行模式无法覆盖工况多样性,电站适应性不强。

1. PMS 组成和功能

为了提高电站的自动化能力,维持电站供电连续性和可靠性,增强船舶的生命力,一般附加值高一些的船舶其电站都配置了电站能源管理系统(PMS),其组成如图 3 – 25 所示。

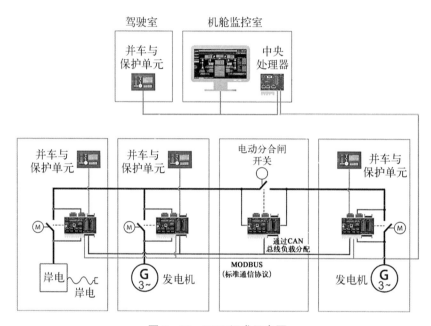

图 3 – 25　PMS 组成示意图

PMS 系统的基本组成:发电机 PPU(并车保护单元);电力变压器 PPU;配电板内的 I/O 单元;PLC 控制器;数据采集单元。

PMS 系统的基本功能:发电机半自动并车功能;发电机半自动解列功能;在网发电机功率分配功能;配电板重载问询管理;发电机/变压器过载保护;主发差动保护;电网失电自启动;发电机/变压器优先脱扣功能;重要负载顺序启动;电力系统集中控制;电能质量监控;电力系统报警管理。

2. PMS 系统与工程船舶协调控制

工程船舶电站 PMS 系统除了具备常规船舶 PMS 的功能外,还应该与工程船舶具体施工设备负载和工况结合起来。

工程船舶负载形式多样,施工工况复杂,常常负载总功率还大于电站总容量,为了能提供电站容量分配的均衡性、电站运行经济性和安全性,合理配置电站容量,需要建立起基于施工设备负载和工况模式控制的工程船舶电站功率管理系统。

工程船舶的电站功率管理系统已不仅具有自动电站管理的功能,同时具备了对动力系统、施工设备和不同工况之间的相互协调和功率分配。同时工程船舶电站管理系统也不仅仅是以电站电动化为控制目标,而是以工程船舶施工设备和施工效率等为控制目标的电站管理系统,在电站自动化的基础上,以施工指定参数为最优控制目标作为根本目的。

基于工程船舶特点的船舶电站管理系统在设计时应注意以下方面:

(1) 深入并合理分析工程船舶主要施工设备的负载特性;

(2) 对施工工况进行分析并进行分类,按照分类情况对工况模式进行划分;

(3) 根据各施工工况和模式划分,确定电站的运行模式;

(4) 电站各运行模式相互切换功能分析;

(5) 电站模式切换时配电板相关保护功能分析;

(6) 各模式之间相互切换时功率分配和管理控制策略分析;

(7) 在实现各功能前提下进行电站功率管理系统软硬件系统设计;

(8) 系泊和航行试验时对电站功率管理系统设计的各功能和控制策略进行试验验证,并完善相关功能。

3. 工程船舶 PMS 的管理和控制策略

工程船舶 PMS 的管理和控制策略首先要考虑电站运行的可靠性和安全性,同时更要兼顾工程船舶施工经济性和效率。在制定管理和控制策略时,需要平衡好经济性和生产效率的关系。如绞吸挖泥船在施工过程中,是追求单方油耗最低,还是追求单位时间产量最高,在总功率一定时是限制挖掘功率释放输送功率还是限制输送功率释放挖掘功率,都需要制定具备可实施的管理控制策略。一般在权衡可靠性、安全性、经济性和生产效率等因素的基础上,电站能量管理系统的管理控制策略大致需要考虑以下方面。

1) 电站设备控制

主要是对发电机组和配电设备的控制,保证供电系统的连续性和经济性。一般的措施是通过控制发电机组柴油机工作在最佳油耗区和通过根据不同工况时自动增减机器数量来实现上述目的。

在自动增减机器过程中需要配电设备完成相关保护,防止电站在并车和解列过程失电。

2) 负载设备控制

工程船舶主要负载是施工设备,电站管理系统对于施工设备的控制是控制策略的重要环节。

有序启动大容量负载,控制启动电流对电站冲击,有效限制当前工况条件下非重要施工负载功率,保障电站稳定运行,减少不必要的发电机自动启动,根据施工要求,有针对性地限制部分施工设备功率,提高施工的经济性。

3) 工况控制

施工船舶电站功率管理系统与施工船舶深入结合并能反馈施工效果,很大程度上体现在控制策略对工况模式的控制。施工船舶之所以特殊,也正是因为其施工工况复杂,对应的功率分配情况具有多样性,如何针对复杂多样性的工况划分电站模式,是控制策略需要重点关注的。图 3 - 26 所示为绞吸挖泥船基于施工效率的功率管理功能程序设计流程图。

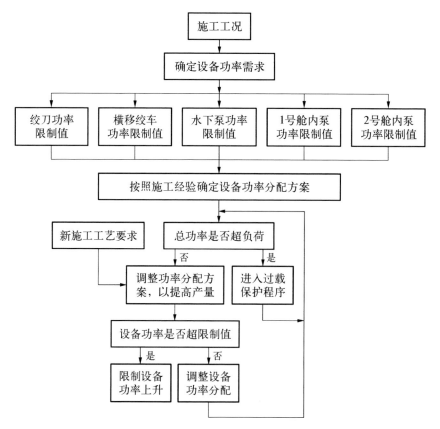

图 3 - 26　基于施工效率的功率管理功能程序设计流程图

3.4　定位移位技术与装备

　　海上大型工程船在施工区域作业时,必然会受到风浪流等环境载荷和作业载荷的作用,在船上设计专门的定位和移位装备是平衡上述载荷的基本措施,定位和移位装备也是海上大型工程船的核心作业设备,它的定位移位能力的大小也直接影响船舶的作业能力和精度。目前常用的有锚定位、桩定位、动力定位和锚泊辅助动力定位等方式。

3.4.1　锚定位

　　除了通常的锚泊定位,海上大型工程船上还采用各种特殊锚泊定位,如绞吸挖泥船上的三缆定位(见图3-27)、FPSO上的单点系泊等,都是锚和锚缆通过特种结构与船体连接,从而实现船舶的定位或移位。

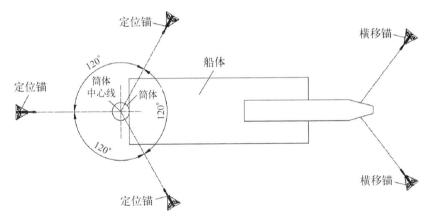

图3-27　绞吸挖泥船的三缆定位

　　三缆定位系统主要由定位筒体、三个定位绞车和三个定位锚等主要部分组成,如图3-28所示。

　　在绞吸挖泥船拖航或航行时,三缆定位锚回收至绞吸挖泥船的锚架上。通过三缆定位绞车的副卷筒收紧提升钢丝绳,使三缆定位筒体(及安装在筒体底部的固定插销、导向装置等)沿筒体提升导向装置向上提升,直至整体高于船体基线为止,并通过固定横杆及布置在船体上的顶部固定结构将之固定,以免给船舶造成不必要的阻力及安全隐患。在绞吸挖泥船抵达施工区域之后,抽出固定横

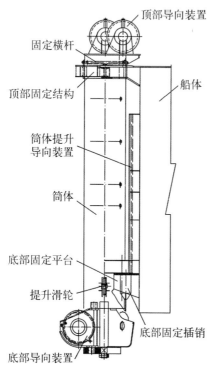
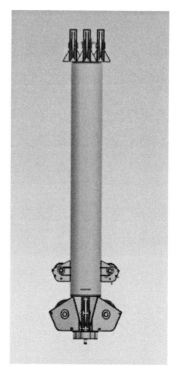
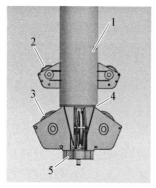

1—筒体；2—筒体提升滑轮；3—底部出绳滑轮；4—上固定块；5—下固定块；6—顶部导向滑轮。

图 3‑28 三缆定位装备的构成

杆,三缆定位绞车的副卷筒释放提升钢丝绳,使三缆定位筒体沿筒体提升导向装置向下降落,直至筒体下部的底部固定插销插入底部固定平台,然后将筒体上部通过固定横杆与布置在船体之上的顶部固定结构固定,最后进行抛锚等作业。三缆定位系统既可用于作业时船的定位、移位,也可用于大风浪中的抗风浪系泊。由于三缆定位系统有比较大的柔性,能在比较大风浪环境下作业;同时,处于系泊抗风浪的船舶若采用三缆定位系统,能迅速、准确地恢复作业位置。三缆定位系统的底部的固定和导向结构,受力变化大,结构复杂,是三缆定位系统设计的难点。三缆定位筒体的有限元分析如图 3-29 所示。

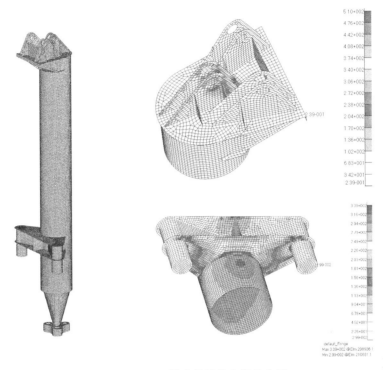

图 3-29　三缆定位筒体有限元分析

3.4.2　桩定位

桩定位移位方式在海上大型工程船上得到广泛应用,专用的海上风电安装船、铲斗船、抓斗船、绞吸挖泥船、各种平台等,都采用钢桩作为定位和移位设备。此类船舶作业时将钢桩下放至海底,从而固定船位,并可调节钢桩与船体的相对位置实现船舶移位,调遣时则钢桩上拔或直立或倾倒,因此此类定位系统主要包含钢桩、升降机构、移位系统、缓冲机构和倒桩机构等。

1. 升降机构

钢桩升降系统的功能是实现定位桩的提升、下放和锁紧,海上大型工程船常用的升降系统按照主要组成构建可分为绞车钢丝绳滑轮式、油缸夹具式、油缸环梁式和齿轮齿条式等。

绞车钢丝绳滑轮升降机构的主要构成为绞车、上下滑轮组和钢丝绳等(见图

3‐30),它具有平稳连续地提升钢桩的能力,同时升降速度快、控制简单,适合于升降比较频繁的工程船,图 3‐31 所示是一艘反铲挖泥船,它的钢桩是利用绞车钢丝绳滑轮升降,但该提升方式具有钢桩型式特殊、钢丝绳易损耗等缺点,安全性和可靠性是该系统设计重点。

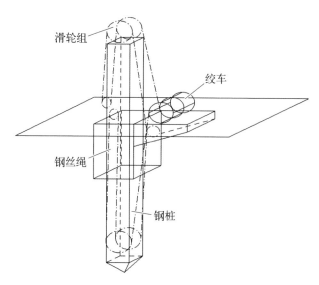

图 3‐30 升降系统原理图

图 3‐31　反铲船绞车钢丝绳滑轮升降系统

　　油缸夹具式升降机构由升降油缸、滑轮组、钢丝绳及重型夹具构成,如图 3‐32 所示,此系统结构复杂,特别是对夹具的设计需要解决的技术问题较多,如夹具磨损、夹具与钢桩自锁等问题,同时建造质量要求高。此提升机构可靠性较高,目前大型绞吸挖泥船上采用较多。

油缸环梁式通常由四根液压油缸、定环梁、动环梁、液压插销和缓冲组件构成,如图 3-33 所示,对角线上的油缸交替工作实现钢桩一步一步的升降,其优点是运行平稳,缺点是工作方式是间断的,需要液压插销配合使用,不能实现连续升降,因此综合升降速度较慢,不适合于移位比较频繁的工程船。由于液压油缸、环梁式升降装置液压部件多,发生液压系统故障的概率相对较高,上环梁液压插销需要采用液压软管给油,从而增加了液压油泄漏的风险,另外此种升降机构中的多油缸、多桩的协调配合与控制是必须在设计中解决的重大技术问题。目前在铲斗船、风电安装船上应用较多。

滑轮

升降油缸

提升夹具

夹持夹具

图 3-32 绞吸挖泥船上的油缸夹具式升降机构

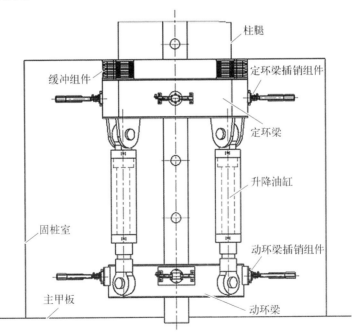

柱腿

缓冲组件

定环梁插销组件

定环梁

升降油缸

固桩室

动环梁插销组件

主甲板

动环梁

图 3-33 油缸环梁式升降系统

齿轮齿条式升降机构依靠固定在船体上液压驱动装置驱动的齿轮沿着钢桩上的齿条升降,如图 3-34 所示。优点是升降速度快,控制简单,操作性能良好,具有平稳连续运转的能力,适合于移位比较频繁的工程船。缺点主要集中在需要配置较复杂的变速机构,对齿轮和桩腿上的齿条的材料及制造工艺要求高。目前多用在深水作业的风电安装船、抓斗挖泥船上。

图 3-34 齿轮齿条式升降系统

2. 倒桩机构

在长距离调遣过程中,海上大型工程船直立高耸的钢桩大大提高了船舶的重心,对船舶稳性是不利因素,亦可能发生船舶在波浪里的运动损坏钢桩的情况,为了降低船舶重心、保证定位系统和船舶安全,部分海上大型工程船的定位钢桩在航行调遣过程中需要倾倒。

目前常用的钢桩倾倒方式有绞车钢丝绳驱动倒桩方式和油缸驱动倒桩方式等。

绞车钢丝绳驱动倒桩为早期工程船所采用的一种简易倒桩方式,该方式的优点是简单易行,且综合造价低。不足之处是倒桩力有限,不紧凑,甲板上布置空间要求较高,整体倒桩时间长。

油缸驱动倒桩方式是目前工程船通用的,该方式的优点是倒桩力较大,能够快速、平稳地实现钢桩倾倒。对于大型的钢桩配以不同的倾倒结构,就形成不同的倒桩形式,主要有桩套式、夹具式和倒桩架式等,其机构设计和倾倒效率各有不同。

用桩套式倒桩方式倒桩时,钢桩和桩套作为一个整体倾倒(见图3-35),所需要的倒桩力较大,因此需要配置较大的倒桩油缸,且相应的船体结构也较为复杂,目前较多应用在绞吸挖泥船和反铲挖泥船上。

图3-35　桩套式倒桩方式　　　　图3-36　夹具式倒桩方式

夹具式倒桩方式需要临时安装倒桩夹具和连接倒桩油缸,如图3-36所示,因此所需要的倒桩准备时间较长,整体倒桩效率较低。

倒桩架式倒桩机构包括倒桩架、倒桩油缸等(见图3-37),其中倒桩架和倒桩油缸与台车主体结构相铰接,其优点是所需要的倒桩准备时间较短,整体倒桩效率较高,机构可靠性较高,目前在绞吸挖泥船上应用普遍。

3. 移位系统

采用桩定位的海上大型工程船,当完成一个工位的作业后需要小距离移位至下一工位,因此需要配置移位系统。目前常用的有倾斜钢桩移位和台车移位等方式。

倾斜钢桩移位的原理如图3-38所示,图3-39所示是一艘采用倾斜钢桩移位的抓斗船,图中的钢桩采用齿轮、齿条升降,钢桩倾斜时采用一对油缸推动桩套结构连带钢桩绕驱动齿轮旋转,一般最大的工作范围为±15°。当水深较浅

图 3-37 倒桩架式倒桩方式

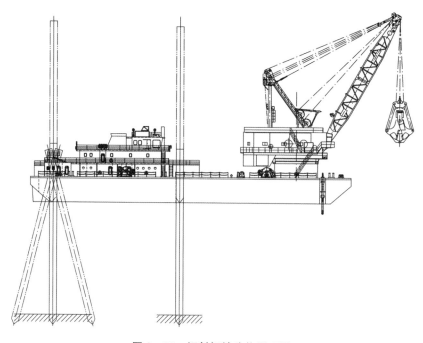

图 3-38 倾斜钢桩移位原理图

图 3‑39　采用倾斜钢桩移位的抓斗船

时,需要多次移位才能满足工作要求。

台车移位方式是目前工程船舶最常用的,广泛应用于绞吸挖泥船、反铲挖泥船和抓斗挖泥船等。台车上设有行走轮或滑移装置,通过油缸或牵引绞车实现船舶移位。由于在移位过程中钢桩始终插入地基中,且垂直于船体,因此移位行程不受水深影响。台车移位有油缸驱动和绞车钢丝绳牵引两种方式。

采用油缸推动台车行走进而实现船舶移位常见于绞吸挖泥船,油缸驱动方式的主要优点是驱动力较大,并且可以较精确地步进式行走,运动部件也相对较少(见图 3‑40)。不足之处在于台车总行程受限于油缸行程,而且造价相对较高。

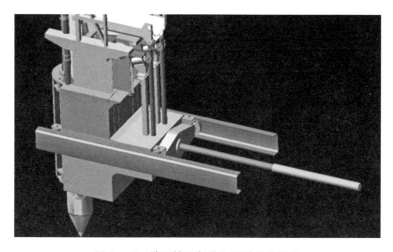

图 3‑40　绞吸挖泥船油缸驱动移位机构

采用钢丝绳牵引台车行走进而实现船舶移位常见于反铲挖泥船和抛石整平船等,该驱动方式的优点是台车总行程较长,可以有效地减少船舶移位次数,提高船舶的生产效率,不足之处在于其运动部件较多,需要较大的甲板布置地位,如图 3-41 所示。

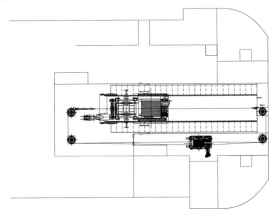

图 3-41　反铲挖泥船绞车钢丝绳牵引移位机构

4. 缓冲机构

对于桩定位系统,为了适应开敞海域恶劣的环境条件,提高重载作业下的定位安全,开发出了各种缓冲装置,缓解大波浪载荷对定位系统的冲击,提高了装备的环境适应性。

对于重载绞吸挖泥船,其钢桩台车缓冲系统主要有 3 种形式:缓冲油缸钢丝绳组合式、缓冲油缸滚轮组合式和油缸缓冲式,如图 3-42~图 3-44 所示。

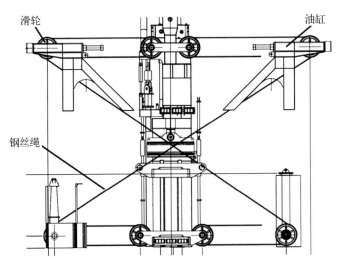

图 3-42　缓冲油缸钢丝绳组合式

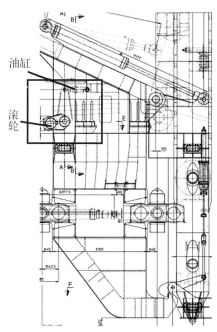

图 3-43 缓冲油缸滚轮组合式

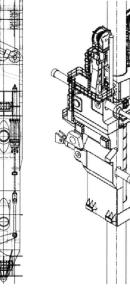

图 3-44 油缸缓冲式

5. 钢桩

定位钢桩需根据升降、倾倒和限位等方面的需求进行设计,不同工程船配备的钢桩形式各不相同,目前主要有壳板式和桁架式钢桩。

海上大型工程船的钢桩定位系统连接船体和海底,整个船体所受的环境载荷以及巨大的作业载荷最终通过船体传递至定位系统的各种机构及钢桩上,因此钢桩定位系统设计载荷的确定是该系统设计的关键技术。以海上大型绞吸挖泥船为例,它的定位系统由多个不同功能的机构组成,在设计中需要确定载荷的传递路径、类型和大小,建立不同机构设计载荷确定准则,这是一个复杂的多学科问题,涵盖多体动力学、水动力学、岩土力学和机械设计等学科。绞吸挖泥船定位系统的载荷传递机理如图 3-45 所示。

钢桩台车定位系统是由行走、升降、倒立桩机构及其支持结构组成的复杂系统,如图 3-46 所示,在设计中要充分考虑各机构的协调配合,对重载情况下的主要受力构件还需要着重考虑各部件的材料选择、制造工艺和配合等问题。

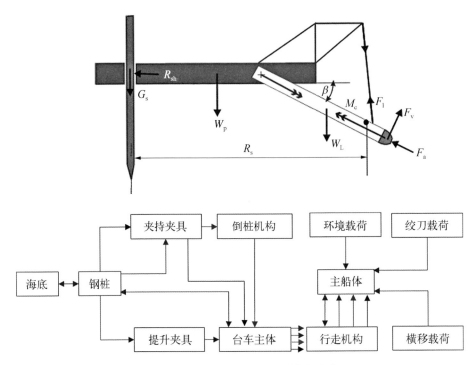

图 3‑45 绞吸挖泥船定位系统的载荷传递机理

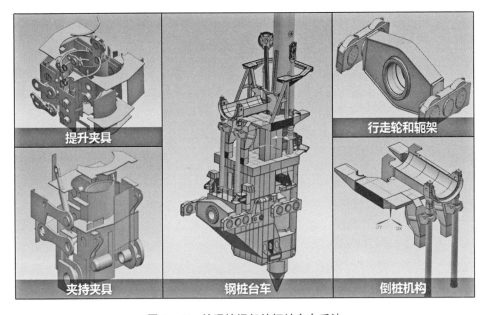

图 3‑46 绞吸挖泥船的钢桩台车系统

3.4.3 动力定位

动力定位是指船舶利用推进器推力,自动保持位置和航向,实现船舶定位、精确操纵和航迹控制等。动力定位系统通过不断地对船舶实际位置的监测,根据相对目标位置的偏差、环境载荷及工作载荷的大小,确定使船舶回复到目标位置所需推力的数量,利用推力分配原则确定每个推进器所需发出的推力,从而使船舶能够保持在海平面上的位置。与锚泊定位相比,动力定位有如下优点:不受水深的限制,定位成本不会随水深增加而增加,适用于极深海域或是海底不适合抛锚的区域;机动性好,无须大量起、抛锚的时间,到达作业海域即可开始作业,遇恶劣海况时可以迅速撤离;完全依靠自身推进器可以完成定位,不需要锚链和锚等外部设备,避免了破坏海底设施的危险,也不会与其他船舶或平台锚链缠绕。图 3‐47 是动力定位原理图。

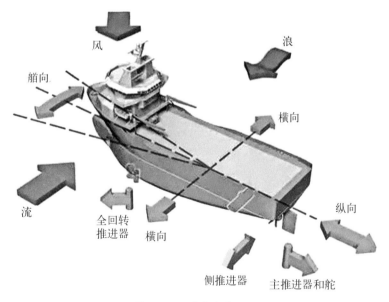

图 3‐47 动力定位原理

根据 IMO MSC.1/Circ.1580,动力定位系统的主要组成部分至少包含动力系统、推进器系统及控制系统。

动力系统是给整个动力定位系统提供能源或电力的。一般船舶电站可兼做动力系统,但应满足一些特殊要求。

推进器系统是动力定位系统执行部分,它为船舶保持位置和艏向提供所需要的横向、纵向推力和回转力矩,目前通常采用全回转推进器和侧向推进器,一般由电动机驱动,如图 3‐48 和图 3‐49 所示。船舶的主推进装置可兼作动力定位系统的推进器,但在船舶进入动力定位运作模式时,由动力定位系统的控制器进行控制。

图 3‐48 主推进器

图 3‐49 侧向推进器

动力定位控制系统是指船舶动力定位所需的所有控制系统和部件、软件和硬件,包括控制器和测量系统,如图 3‐50 所示。控制器指的是动力定位系统总的控制部分,一般采用计算机控制的方法,包括计算机系统、操纵杆系统和显示系统。测量系统包括位置参照系统、电罗经、风向风速仪、倾角仪等,测量船舶的船位、艏向、纵倾横倾角等船舶状态,以及风向、风力、流速等环境条件,通过接口输入到控制器中。

动力定位系统通过测量系统所测得的环境条件、船舶位置及姿态信息,根据设定的目标位置和艏向,控制系统进行分析和运算,并将控制指令信号发送给推进器,控制其产生推力,自动探测并修正船舶目标位置和实时值间的偏差,从而

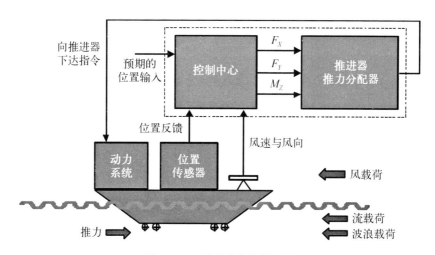

图 3-50　动力定位控制系统

达到定位目的。

　　根据应用类型与船级要求,常用的 DP 分为 DP-0、DP-1、DP-2、DP-3 等级别,其系统配置的复杂程度递增,系统可靠性与冗余度递增。

　　DP-0 是最简单类型的 DP(见图 3-51)。根据客户要求,已简化功能与配置,如 UPS、控制站布置等。某些船级社不具有 DP-0 分级。

　　DP-1 是可被所有船级社接受的,不具有冗余度的 DP 系统(见图 3-52)。所有设备和接口仅安排一套,当 DP 失效时可以进入 Joystick 或手工操作模式。

　　DP-2 的所有设备具有至少一个冗余度(见图 3-53)。构成中的任一设备失效后均有替代。船舶也会使用更多的推进器,如使用双艏侧推、艉侧推、双调距螺旋桨和双舵的组合。

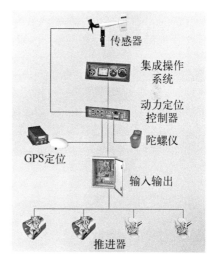

图 3-51　DP-0

　　DP-3 的所有设备比 DP-2 多一个冗余度。此外,至少其中一套设备需要放置在单独的隔水防火舱(见图 3-54)。

　　中国船级社对动力定位系统的分级配置要求如表 3-2 所示。

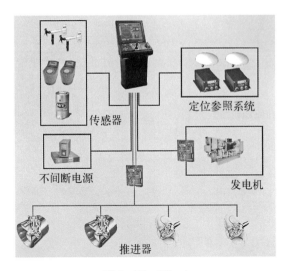

图 3 - 52　DP - 1

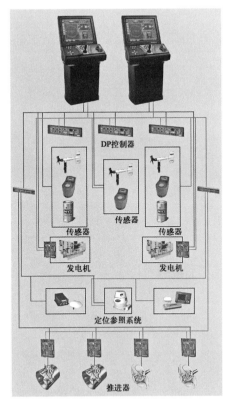

图 3 - 53　DP - 2

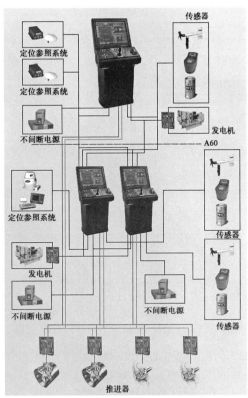

图 3 - 54　DP - 3

表 3 - 2 动力定位系统的分级配置

附加标志设备		DP 分级		
		DP - 1	DP - 2	DP - 3
动力系统	发电机和原动机	无冗余	有冗余	有冗余,舱室分开
	主配电板	1	1	2,舱室分开
	功率管理系统	无	有	有
推进器	推进器布置	无冗余	有冗余	有冗余,舱室分开
控制	自动控制,计算机系统数量	1	2	3(其中之一在另一控制站)
	独立的联合操纵杆系统	1	1	1
	各推进器的单独手柄	有	有	有
传感器	位置参照系统	2	3	2+1
	垂直面参照系统	1	2	2+1
	陀螺罗经	1	2	2+1
	风速风向	1	2	2
UPS 电源		1	2	2+1,舱室分开
备用控制站		没有	没有	有
打印机		要求	要求	要求

注：传感器中"其中之一在另一控制站"对应 DP-3 的 2+1 配置。

3.5 压载调载系统

压载调载系统的主要功能是由压载水动力设备将压载水通过压载管系压入或排出压载舱,或将压载水在压载舱间相互调拨。对于海上大型工程船,如大型起重船、半潜运输船和船坞等,它们的压载调载系统与常规运输船有很大的差别,一是压载调载系统规模大,压载舱数量多,且舱容大;二是作业时船的浮态变化快,而且变化范围大,如 2019 年建成的"Sleipnir"起重船,起重能力为 20 000 t,它的压载舱数量达 100 个,压载舱舱容 2×10^5 t,压载能力为

6 500 m³/h,作业时的吃水变化为 20 米。压载调载作业对船的技术指标和安全性影响极大,压载调载系统设计在大型工程船的轮机系统设计中占据核心位置,压载调载系统也是大型工程船的核心系统。利用这套系统进行压载和调载的主要目的是使船维持合适的浮态,保持足够的稳性,减少总纵弯矩和剪切力,减轻船体的振动等。

目前主要的压载方式如下:

(1) 采用压载水泵的方式;

(2) 采用依靠静水压力(重力)自流的方式,可以排出或进水,也可用于高度不同的舱之间的调拨;

(3) 采用压缩空气排水的方式;

(4) 上述几种方式相结合的方式,即复合压载方式。

3.5.1 船舶压载方式

1. 采用压载水泵的方式

大型工程船上布置单台或多台的大容量压载水泵,压载水泵从海水总管吸水,然后通过压载管路把压载水送入压载舱内,这就实现了压载舱的进水。当需要排水时,则用压载泵从压载舱吸水,然后通过排舷外管,将压载水排出舷外。当需要实现压载水舱之间的调拨时,也是由压载水泵从一个舱内吸水,再通过管路排到另外一个压载舱内。

为了实现上面的作业方式,需要设置比较复杂的压载管路系统。不同泵的配置,就有不同的管路连接方法。

压载水泵系统的分类有以下几种:

1) 支管式压载系统(见图 3 - 55)

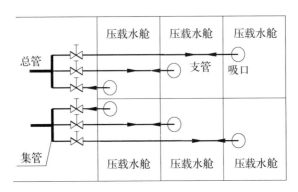

图 3 - 55　支管式压载系统

这是一种各压载舱能独立注、排水的方法,适用于双层底内压载舱,且压载管径较小,压载舱数量不多的小型船舶。

采用这种方式时,压载水泵设在机舱内,集合管设于机舱前壁或后壁,集合管至压载泵用总管连接,集合管至各压载舱用支管连接。所以该方法的特点是总管短而支管长。

2) 总管式压载系统

总管式压载系统即为沿船长方向敷设总管,再从这些总管向各个压载舱引出支管,在支管上安装阀及吸口。采用这种方式的时候,压载管路相对简单一些,但阀门均布置在了各个压载舱附近,因此无法在机舱集中控制阀门,为了方便操纵,通常会采用遥控阀门,遥控阀门通常会采用电动、液压或气动控制。

总管式也分有好几种形式,主要有以下几种:

(1) 单总管式:也就是采用一根总管的方式,适用于较为小型的船舶,如图3-56所示。

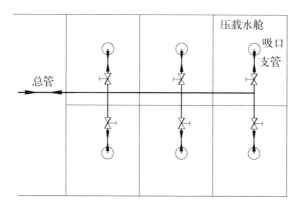

图 3-56 单总管式压载系统

(2) 双总管式:采用在船舶两舷各设一根总管的方法,适用于中型的船舶,一般排水量不大于5 000 t,如图3-57所示。

(3) 扫舱管的双总管式压载系统:对于更大的船舶,因为其压载量大,压载管规格也更大,所以其压载水很难排干净,这时候一般会增设一套扫舱管路及吸口,用于将残留的压载水排出舱外,扫舱泵一般采用喷射泵(见图3-58)。很多大型工程船会使用这种管路设计。

3) 环形总管式

大中型船舶经常采用的是环形总管式,就是把双总管式的两根总管连接起来,其优点是总管压力较为均匀,具有冗余能力,操作简单灵活。有时候为了实

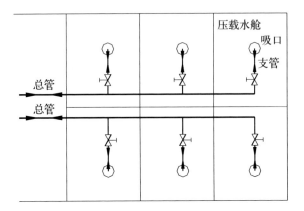

图 3 - 57　双总管式压载系统

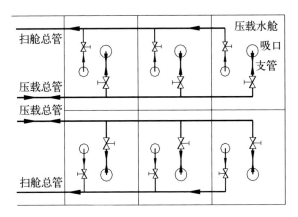

图 3 - 58　设扫舱管的双总管式压载系统

现压载舱之间的调拨,会设置一进水、一排水的两套环形总管。通常,还会设置一套扫舱的环形总管。采用环形总管式,也同前面的总管式一样,阀门通常也采用遥控的方式。

环形总管式主要分为下面几种:

(1) 单环形总管式:只有一套环形总管,进排水均依靠该总管,无法实现舱对舱的调拨,适用于不经常调整压载状态的船舶(见图 3 - 59)。

(2) 双环形总管式:对于需要经常调整压载状态的船舶,只有一套环形总管显然是不够的,设一套进水环形总管和一套排水环形总管,可以方便地同时使部分舱进水,另外的一些舱排水,使得压载可以快速地调整到需要的状态。通常还需设一套扫舱环形总管系统(见图 3 - 60)。

对于总管式或环形总管式压载管路,其压载管和阀门通常是浸没在压载水

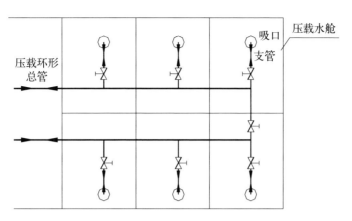

图 3-59 单环形总管式

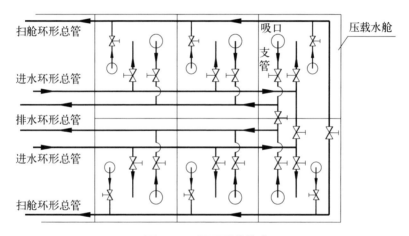

图 3-60 双环形总管式

舱内的,维修保养很不方便,阀门也要求是可以在水下工作的,其成本较高。为了解决这个问题,大中型船舶可以在船中设一管隧,通常设在双层底中。这样总管和支管以及上面的阀门均布置在管隧之中。管隧可以开人孔盖,有条件的也可以开门,方便船员的检查和维修。

采用压载水泵系统的优点:

(1) 设备系统成熟可靠,在任何情况下都可以进行压载作业;

(2) 压载水舱只需根据结构情况设计足够的透气管即可,结构无须特殊的加强。

但其也有如下缺点:

(1) 设备、管路较多,需要较大的布置空间,重量较重,成本较高;

（2）压载作业的速度受到水泵、管路规格的约束，要实现高速压载有难度；

（3）设备耗能较大。

2. 采用压缩空气压载

随着船舶的大型化，其压载系统压载量也越来越大，为了节约压载的时间，势必要求压载系统注、排水的速度更快。为此，人们从潜艇的压载系统得到启发，利用压缩空气来实现高速的进、排压载水的功能。

当需要排出压载水时，将压缩空气通过管路送入到压载舱内，从而在压载水的自由液面上方形成高压的空气垫，当空气垫的压力大于压载水排出的阻力时，压载水即可开始排出。

如果压载舱位于水线以下，通过放气或空压机抽气，使压载水自由液面上的空气垫压力减小，打破压载舱内外的平衡，外界的海水即可进入压载舱。

压载舱的进排水速度与压缩空气与舱外海水的压力差有关，当压力差较大时，其进排水速度就会较快。

与压载水泵系统比较，压缩空气压载的优缺点如表 3-3 所示。

表 3-3　压缩空气压载与压载水泵系统的比较

压缩空气压载系统	压载水泵系统
压载速度较快，不受管路阻力、水泵能力的限制	压载速度受管路阻力、水泵能力的限制，速度较慢
需设置压缩空气系统，但省却了注、排水管道，系统相对简单，占用空间小	需配置压载水泵和管道系统，设备重，占据空间大，比较复杂
工作稳定	因为有大量运转设备，且与海水接触较易腐蚀损坏
排水彻底	排水不彻底，需设扫舱系统
进水受到压载舱的位置限制，若在水线以上即无法进水	进排水不受环境限制
压载水舱需加强	压载水舱不需加强
压载过程较为节能	压载耗能较大
系统控制较复杂，采用新技术较多	系统控制简单，技术成熟

压缩空气压载管路系统主要由压缩空气系统、进排水口、透气系统组成。压

缩空气系统较为复杂,需设置空压机、滤器、油水分离器、空气瓶、减压阀组等设备和附件;进、排水口也称压载水舱的通海口,是压载水进出舱的通道,通常设置在压载舱底部舷侧位置,并安装可遥控的蝶阀用于压载舱与舷外的连通和隔离;透气系统用于自然进排水时的透气,其管路上也需安装遥控阀门,用于使用压缩空气时的关闭。

典型的压缩空气压载管路系统原理如图 3‑61 所示。

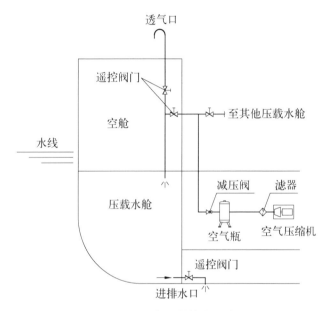

图 3‑61 压缩空气压载管路系统原理图

有些船舶为了加快进水的速度,使用可以抽气的空气压缩机,在进水时使用该空气压缩机把压载舱内空气垫中的空气抽走,加快水流的进入,如图 3‑62 所示。

由于压缩空气压载存在一定的局限性,所以很多船舶会采用压缩空气系统和压载水泵系统结合使用的方式,当压载舱位置不适合压缩空气进排载时,则使用压载水泵。通过这种结合的方式,即避免了单独使用的缺点,增加了两者兼备的优点,但设备的复杂性大大增加了。如图 3‑63 所示。

3. 利用静水压力(重力)压载

前述的采用压载水泵和压缩空气压载的方法均需要消耗能源,压载速度受限于管道的规格。而根据船舶吃水深度,利用压载舱外壳上可控制的开口,让水在重力作用下自己流进压载舱内,或在压载舱的位置高出水线时,让水通过开口

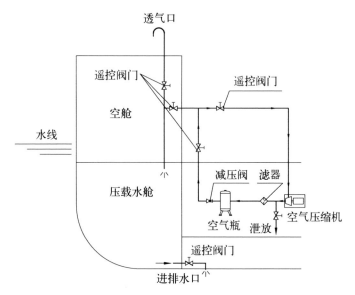

图3-62 压缩空气进、排水管系原理图

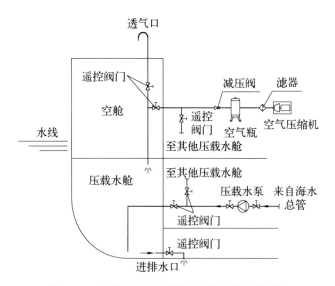

图3-63 压缩空气和压载水泵结合管路原理图

自己排出,从而实现压载和卸载压载水的目的。这种方法就是利用静水压力(重力)压载的方法。

静水压力(重力)压载最早是在潜艇上应用的,潜艇利用内外水压的高度差进行注水。1962年美国建造的"罗利"级两栖坞式运输舰是第一艘采用重力浸水注入的水面舰艇，它能在 15 min 内注入 5 000 m³ 的压载水，舰平均吃水增加 2.5 m。浮船坞采用这种注水方式可大大缩短修船作业时间。这种注入方式具有管路简单、管径小、注入快捷的优点，因此得到越来越广泛的运用。

静水压力（重力）压载方法有以下几种：

1）进水-压载（排水-卸载）

当压载舱舷外水位高于压载舱内水位时，打开通海口，外界的水流在重力作用下进入压载舱内。在一些吃水较深的大型工程船上，常采用此种方法压载、调载。通过开关通海口以及调整通海口的大小，也可以控制压载的速度和数量。

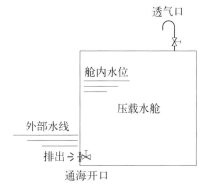

图 3-64　静水压力（重力）进、排水原理图

与进水相反，当压载舱舷外水位低于压载舱内水位时，打开通海口，压载舱内的压载水将在重力作用下排出舷外。当压载舱位置较高时，或船舶型深较大时可以分隔上下压载舱，就可以方便利用这种方法，如图 3-64 所示。

在压载或卸载的时候，船舶的吃水也会随之变化。若中间压载舱内水位略低于舷外水线，则外界水流在重力作用下会进入压载舱内，而随着压载舱水位的上升，船舶吃水增加，使得压载舱水位始终在舷外水线以下。利用这个原理，从而可以实现依靠静水压力（重力）连续进水。排水的原理也是一样，当压载舱内的压载水排出后，船舶吃水会减少，使得船舶上升，从而压载舱内水位始终高于舷外的水线，实现连续的排水。进水过程如图 3-65 所示，排水与之相似。

2）压载舱相互调载

大型全回转起重船常常遇到重物从一舷吊运到另外一舷的情况，这时候需要从一舷快速调拨压载水到另外一侧的压载舱中，如果采用压载水泵，则速度较难达到要求，而压缩空气也难以实现。这时采用重力调拨就是一个较好的选择。重力调拨原理如图 3-66 所示。

为了使相互调载的效果更好，有条件的船舶可将压载舱设计为上下两层，确保左右舷调载的可靠性。

3）与其他压载方式结合

由于依靠静水压力（重力）压载受到压载水舱位置的局限，当水位不符合要

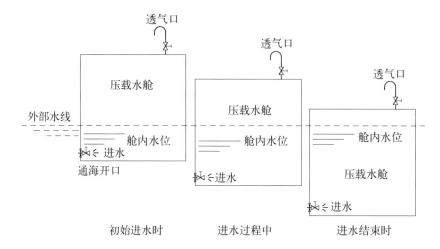

图 3‑65　静水压力(重力)进、排水原理图

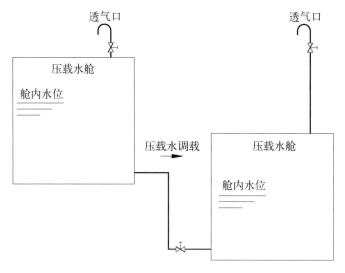

图 3‑66　静水压力(重力)调拨原理图

求时,压载作业就无法进行。为此,该种压载方法常常需与压载水泵压载和压缩空气压载结合使用,如图 3‑67 所示。

　　该图中的压载舱被分为上下三层,压载方法如下:

　　最上层的压载舱位于水线以上,可以利用静水压力(重力)来排水,也可以将压载水调拨到另外一侧位置较低的压载舱内。它的进水只能依靠压载水泵系统压载。

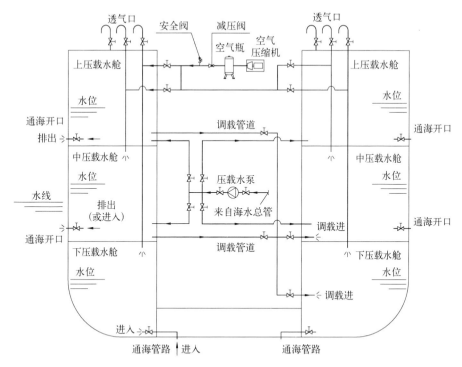

图 3 - 67　复合压载原理图

中间一层的压载舱则需根据舷外水线的高低情况,利用静水压力(重力)进水或排水。或使用压载水泵进水或压缩空气排水。

下面一层的压载水舱通过静水压力(重力)进水,排水则依靠压缩空气排水。

需要的时候,位于左侧的上、中压载水舱可以通过横贯船舶的调载管道,在静水压力(重力)作用下,向右侧的中、低压载水舱调载。

静水压力(重力)压载的优点:① 无须消耗能源;② 进排水速度较快;③ 节省大量管路,成本较低;④ 工作可靠。其缺点:① 对压载舱的位置需符合要求,如水线以上方可实现排水,水线以下才能实现进水;② 难以使进、排水均通过自流的方式实现;③ 需根据进、排水速度和数量设置可关闭的、足够大透气管道。

4. 几种压载模式的比较

几种压载模式均有其自身的优点和局限性,一个好的压载系统应该综合其优点,避免其缺点,具体的比较可归纳为如表 3 - 4 所示。

表 3 - 4　几种压载模式的比较

对 比 项 目	压 载 水 泵	压 缩 空 气	静水压力(重力)
压载舱位置限制	无限制	有一定限制	限制很大
设备、管路和安装	设备和管路多,安装工作量大。使用较多,技术成熟	设备和管路较多,安装工作量不大。使用较少,技术要求高。	设备和管路少,安装工作量小。使用较少,技术要求高。
能耗	能耗较大	能耗较小	能耗小
成本	成本高	成本较高	成本低
进、排水速度	速度一般	速度快	速度较快
工作可靠性	较好	较好	很好
调拨性能	好	能够调拨	较差
结构需要特别加强	不需要	需要	不需要

3.5.2　典型半潜船的压载系统

目前世界上已经设计制造各种工程船,虽然船型有很大的差别,但毫无例外的都配有压载系统,而且呈越来越复杂的趋势。下面以半潜船为例介绍压载调载系统。

作为海洋工程船,大型半潜船大量运用于大型装备的海上运输和安装。与传统的运输船舶相比,半潜船压载水系统更为复杂,必须对其压载系统进行专门设计和分析,才能确保半潜船半潜作业时的船舶稳性。

"海洋石油278"是一艘50 000 t的半潜船。该船总载重量为53 500 t,下潜深度为26.8 m,具有DP2动力定位能力。

"海洋石油278"半潜船的设计用途为采用浮托法运输和安装桩腿结构的上部模块功能。同时,该船具备下潜至最大设计吃水的能力,通过该方式装载/卸载及运输类似半潜钻井平台和其他海洋结构物浮体货物。大型化的半潜船压载水量很大,同时希望半潜船对下潜和上浮作业的速度更快,因此"海洋石油278"半潜船采用了压缩空气压载与压载水泵压载相结合的压载系统设计。

该半潜船共设 83 个压载水舱,其中主甲板以下设有 76 个压载舱,主甲板以上 7 个压载舱(包括 2 个艉浮箱)。该船设计水线靠近主甲板,因此主甲板以下的多数压载水舱可采用压缩空气压载,而艏部及艉部不规则的压载舱和主甲板以上的压载舱应采用水泵压载。

在船舶的艏部泵舱布置有 2 台压载水泵(1 500 m³/h×0.35 MPa),在艏部的排载空压机室布置有 4 台空压机(6 750 m³/h×0.27 MPa,都位于主甲板以上),艉部推进电机舱布置有 2 台压载水泵(400 m³/h×0.35 MPa)。

位于艏部的压载水泵系统对主甲板以上的压载舱进行压排载操作,位于艉部的压载水泵系统对艉浮箱等压载舱进行压排载操作,主甲板以下的压载舱同空气压载/排载系统相连。在排载工况中,压缩空气通过压缩空气管进入压载舱,利用压缩空气的压力将水排出压载舱;在压载工况中,利用空压机抽出空气管内的空气以加快压载速度。

压缩空气压载水系统由 4 台空压机模块、4 组压载空气总管、空气管遥控蝶阀、70 个压载舱、海水管遥控蝶阀和相关的管线组成。每个压载舱布置一根独立的压缩空气管,从空气总管接至每个压载舱,并配有一个遥控蝶阀,用于控制空气向压载舱内注压缩空气。每个压载舱设置独立的进水、排水用的通海水管,每根海水管设置两只串联的电液式单作用遥控蝶阀。

该船的压载水泵压载原理如图 3-68 所示。该船的压缩空气压载原理如图 3-69 所示。

3.5.3　工程船压载水系统其他要点

1. 压载水处理

船舶“压载水”系指为控制船舶纵倾、横倾、吃水或应力而在船上加装的水及其悬浮物,“沉积物”系指舱内压载水因沉淀而形成的沉淀物质。根据国际海事组织(IMO)的估算,全球每年大约有 100 亿吨压载水被船舶运输携带,引发外来生物入侵问题。

为减少和消除船舶压载水及其沉积物带来的危害,IMO 于 2004 年 4 月 23 日通过了《2004 年国际船舶压载水和沉积物控制和管理公约》(以下简称《压载水公约》),并于 2017 年 9 月 8 日生效。我国已于 2018 年 10 月加入《压载水公约》,交通运输部海事局印发了《船舶压载水和沉积物管理监督管理办法(试行)》并已于 2019 年 1 月 22 日起生效实施。

尽管海上工程船与常规运输船舶不同,不会经常航行于不同水域,而是会长

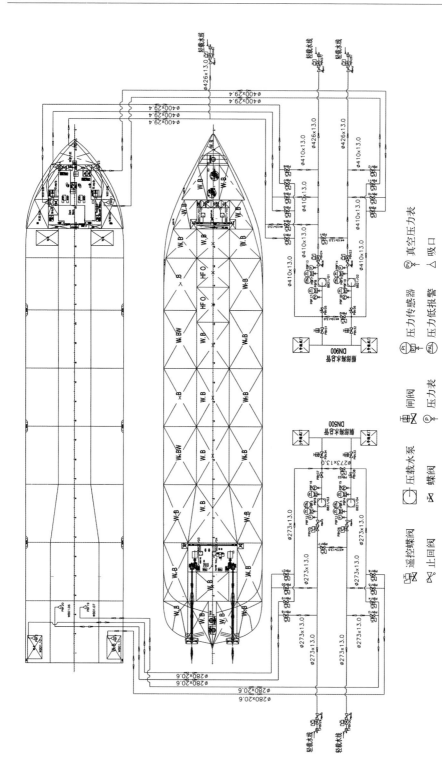

图 3 - 68　"海洋石油 278"半潜船的压载水泵压载系统

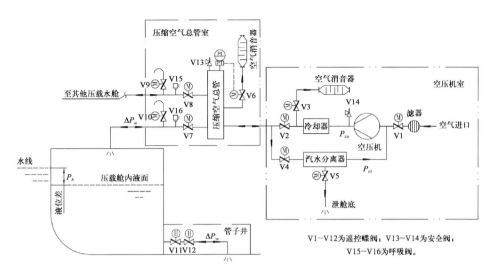

图 3‑69　"海洋石油 278"半潜船的压缩空气压载原理图

期固定在同一水域进行作业,因此在压载水及其沉积物的排放上,较少造成生物入侵问题。但是,工程船也会被调遣到不同水域进行作业,对于自航的工程船来说,也会进行长途航行,因此,工程船在跨越不同海域时,也需要考虑压载水的处理问题。

工程船的压载水处理方式与常规船舶相同,根据《压载水公约》,国际航行船舶的压载水管理方式可采用压载水置换和压载水处理两种方法,其中,压载水置换包括顺序法、溢流法和稀释法。采用压载水处理方法时,船舶必须安装主管机关认可的压载水管理系统,对压载水进行处理,同时经过处理后排放的压载水需满足公约规定的压载水性能指标要求。压载水处理技术经过多年的发展已趋于成熟,目前,全球各国用于压载水处理的技术多达近 20 种。根据理化特性的不同,主要分为机械法、物理法和化学法。机械法主要采用高流速、旋流分离、过滤、稀释、浮选沉淀等技术将海洋生物和压载水进行分离;物理法主要采用加热、紫外线、超声波和脱氧等技术对压载水中的微生物进行处理;化学法主要采用氯化、电解氯化、臭氧、二氧化氯、过氧化氢等化学试剂对水生物进行灭活。

对于多数工程船而言,由于长期在固定水域作业,因此作业时无须对压载水进行处理。但是进行长途调遣或者航行时,则需要对压载水进行处理。因此,工程船在压载水处理方面,具有压载系统工作频繁,但是压载水处理系统使用频率低;压载水量大,但是压载水处理需求小等特点。因此在选择工程船的压载水处理系统时,应根据自身作业特点,选择合适的压载水处理方法。

2. 压载控制系统

与常规运输船舶相比,工程船的浮态必须根据作业工况的变化进行及时调整,因此工程船的压载系统工作频繁,同时要求能够快速、精确地进行压载调载,这就要求工程船配置自动化程度较高的压载控制系统。

压载控制系统通常由以下系统组成:

前述了多种高速压载方法的优化和配置,但这些方法必须通过高效可靠的自动化系统来控制,才能实现真正的高速配置,否则依靠人工操纵是无法实现该目标的,因此,自动化控制是高速配载系统的重要组成部分。

自动化系统包括下面几个方面:

(1) 高速调载预分析及预压载系统;

(2) 船舶吃水测量;

(3) 作业载荷测量;

(4) 压载水位测量;

(5) 压载水泵自动控制系统;

(6) 压载系统阀门遥控系统;

(7) 安全报警系统。

通过上述各系统的配合,结合实船情况,方可实现工程船压载系统的控制。

以某半潜式平台的压载控制系统为例(见图3-70),其在设计中考虑了控制系统的冗余性要求,基于微处理器或计算机操作的自动化操作系统,除包含位于最大破损水线以上且易于到达的主压载控制站外,在上甲板内的集控室内还需设计备用压载控制站;整个主、备压载控制系统,使用冗余性的电源线及控制线,通过位于每个立柱顶部上甲板内的遥控终端站,互相连接成拓扑结构,以保证整个系统在任何一个单一部件失效时,具有不会导致整个系统失效的连续操作能力。同时,为了保证压载操作时的绝对安全性,除压载泵的运行指示、压载遥控阀门开关和指示外,各个压载舱的液位遥测、平台的四角吃水遥测等信息,均通过上述的各个遥控终端站连接至压载控制系统,用于在压载操时做实时监测。另外,压载及其控制系统要求使用两套独立的电源,在假定的破损及浸水情况下,至少应保证一种电源可供应。

考虑控制系统的失效安全性要求,压载遥控阀门设计为可浸没操作的电-液驱动式阀门,且所有遥控阀门须为动力源失效自动关闭型,目的是避免失效状态下压载水在压载舱之间无控制地流动。选择可浸没操作的遥控阀门(即遥控阀门防护等级为 IP68)是为了保证在浮筒内任何一个泵舱发生水淹情况下,使用另一泵舱内的压载泵做备用时,被淹泵舱内的阀门仍可有效操作。除了在集中

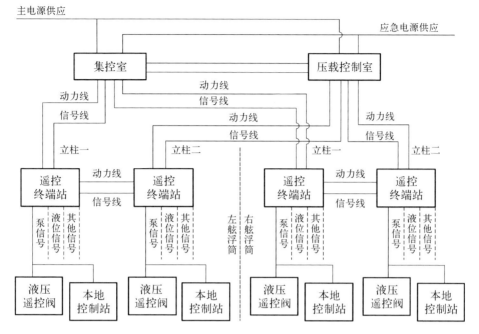

图 3 - 70　压载控制系统原理图

压载控制站遥控压载泵和阀外,所有的压载泵和阀门都需设计在遥控失效时独立的就地控制装置,且每一压载泵和其相关联的压载舱阀门的就地控制装置须位于同一位置。另外,集中压载控制站也需具有对下船体浮筒内水密门和舱口盖进行遥控操作的功能。

3.6　波浪补偿系统

　　海上大型工程船在起吊重物、布放设备和施工悬停作业等过程中,波浪补偿系统可以将负载与母船的受迫运动解耦,从而减缓负载上缆绳的拉力波动。

　　自 20 世纪 70 年代起,波浪补偿器技术得到了飞速的发展。计算能力的提高使得波浪补偿系统获得更先进的传感器集成和更好的系统建模;液压技术的进步使得补偿系统获得更快和更准确的控制能力;控制理论的发展使更先进的控制算法应用于波浪补偿系统中。这些技术的发展使得波浪补偿系统在海洋工程中得到广泛应用,在资源勘探开采设备、海上吊运作业、人员转运补给等方面有着重要应用,适用于各种具体应用场景的波浪补偿系统产品也层出不穷。美国 NOV 公司的海底钻探作业-游车大钩补偿装置,最大补偿行程为 7.62 m,最大补偿载荷为 356 t。德国 Bosch Rexroth 公司针对船用起重机研发升沉补偿绞车,作业水深最大为 2 500 m,在波浪周期为 9 s,位移为 ±3 m 时升沉补偿率达到 95%,能量回收率接近 70%。ACE winches 公司为水下机器人吊放设计的升沉补偿绞车,最大工作载荷为 12 t,最大补偿位移可以达到 ±2.5 m,最大补偿速度高达 2.4 m/s。荷兰的 Barge Master 公司是全球最大的海上廊桥供应商之一。国内的上海振华重工股份有限公司从 2014 年开始进入深海作业升沉补偿装置的研发。目前,为应对深远海更加恶劣的作业环境,波浪补偿装置正在朝高补偿能力、高响应速度、高补偿精度方向发展。

根据工作原理和动力供应情况,波浪补偿系统可分为被动式波浪补偿、主动式波浪补偿和主-被动混合式波浪补偿。

3.6.1　被动式波浪补偿系统

1. 被动式波浪补偿系统分类和工作原理

被动式波浪补偿系统是利用阻尼元件(如液压缸、气缸等)来缓冲母船升沉运动对负载缆绳的冲击,它分为被动式油缸调节和被动式绞车调节两种类型,两种类型补偿原理基本相同。

被动式油缸调节补偿器在海洋工程中应用非常广泛,图 3-71 所示为一个简化的被动油缸波浪补偿方案原理图:该系统主要由液压缸、蓄能器等部件组成,液压缸的缸体内有一个活塞杆,活塞杆可在液压缸内往复运动,活塞下方的液压缸内与蓄能器下部都充满液压油,并用液压管连接,蓄能器上部是可压缩气体。

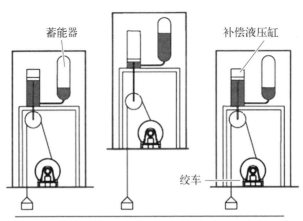

图 3-71　被动式升沉补偿系统原理图

在工作过程中,液压缸通过活塞杆下方的滑轮承受工作载荷,蓄能器则通过其内部的可压缩气体来吸收和释放产生的能量。整个装置安装在工作母船或海洋平台上,并随之一起运动。该系统具体的工作过程如下:当船舶或平台受波浪诱导向上运动时,液压油缸随之运动。钢丝绳内拉力增大,使活塞杆伸出液压油缸,压缩液压缸下部的液压油,使一部分液压油通过液压管流入蓄能器,从而压缩蓄能器内的气体并储存能量,向下运动伸出液压油缸的活塞杆补偿了船舶的上升位移;同理,当船舶向下运动时,钢丝绳内拉力减小,使活塞杆相对液压油缸向上运动,液压油缸以及蓄能器下部油压减小,可压缩气体膨胀释放能量,向上运动的活塞杆补偿了船舶向下运动的位移。

2. 被动式波浪补偿系统分析

对于最简单的被动升沉补偿系统,它的作用相当于一个隔振器,属于典型的开环控制系统。系统的输入是母船的运动,输出是经过减震的负载运动。如图3-72所示,这个简化的被动升沉补偿系统相当于一个弹簧阻尼系统,串联于吊机和负载之间。这个弹簧阻尼系统可以放置于负载起吊线路的任何位置,也可以放置于甲板上。对于由弹簧阻尼系统构成的机械隔振器,其原理类似于一个低通滤波器,它的动力学方程可以描述为

$$m_{\mathrm{L}}\ddot{x}_{\mathrm{L}}=-k(x_{\mathrm{L}}-x_{\mathrm{H}})-c(\dot{x}_{\mathrm{L}}-\dot{x}_{\mathrm{H}})$$

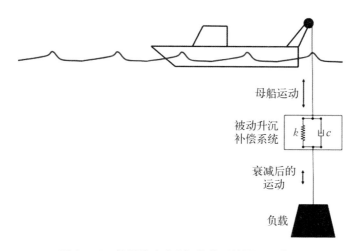

图3-72　船用被动式升沉补偿系统原理示意图

式中:m_{L}为负载的等效质量,x_{L}是负载的位移,x_{H}是母船的位移,k是系统的等效刚度系数,c是系统的等效阻尼系数。

将上式进行拉普拉斯变换可得

$$m_L s^2 X_L(s) = -k[X_L(s) - X_H(s)] - c[sX_L(s) - sX_H(s)]$$

进而求得系统的传递函数为

$$G(s) = \frac{X_L}{X_H} = \frac{cs + k}{ms^2 + cs + k}$$

根据上式可以看出,一般的被动升沉补偿系统属于典型的二阶系统,因此可以求得系统的转折频率为

$$\omega_d = \omega_n \sqrt{1 - \left(\frac{c}{2 m_L \omega_n}\right)^2}$$

$$\omega_n = \sqrt{\frac{k}{m_L}}$$

式中,ω_d 为系统的转折频率,ω_n 为系统的自然频率。

图 3-73 是典型的被动升沉补偿系统伯德图,从该图中可以清晰地看出,初始系统的转折频率在波浪频率的区间内,这就意味着母船的升沉运动会被波浪放大,而经过升沉补偿系统调节后,转折频率则小于输入波的波浪频率,从而衰减了负载的运动。

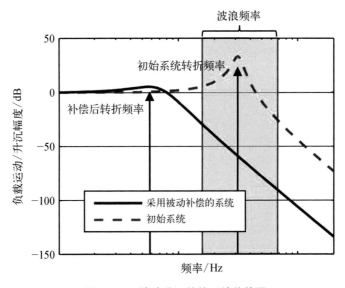

图 3-73　被动升沉补偿系统伯德图

3.6.2　主动式波浪补偿系统

主动式波浪补偿系统是利用传感器(运动参考单元、光纤惯导、激光测距传感器、超声测距传感器、转速传感器等)对船舶或平台、起吊物、波浪等的运动参数进行测量,然后将参数传给控制器,由控制器通过设定的控制算法进行计算,指挥执行系统进行既定动作。

主动式升沉补偿系统的主要组成部分如图3-74所示。系统工作时,升沉运动检测系统获得吊装点实时综合升沉运动信号,控制系统将处理好的信号经过在线计算得到相应的控制指令,并将其施加于液压驱动系统,最后驱动装置再根据具体的指令使机械执行机构作出相应的动作,从而实现升沉运动的补偿。

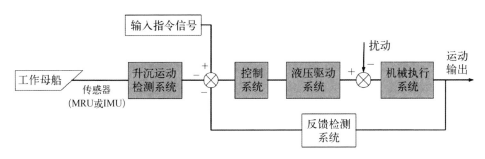

图3-74　主动式升沉补偿系统原理图

1. 主动式波浪补偿装置的分类

根据负载重量大小,升沉补偿系统也可分为轻载升沉补偿系统、中载升沉补偿系统和重载升沉补偿系统。负载重量的大小很大程度上影响了补偿驱动方式的选择。升沉补偿驱动方式可主要分为3种:绞车驱动补偿、伸缩飞轮补偿、摆动吊臂补偿。

图3-75为绞车驱动升沉补偿技术示意图,当海上船舶上升,绞车卷筒会释放缆绳来抵消船舶升沉位移,反之当船舶下沉,绞车回收缆绳来抵消船舶下沉的位移量。这种补偿驱动方式的优点在于不需要增加额外的设备,也就不会占用额外的甲板面积,而且缆绳的补偿量不受限制,可以补偿大幅度的升沉位移。但该升沉补偿系统具有高转动惯量,对绞车驱动功率具有很高的要求,而且绞车正反转对能量的消耗较大。另外还有伸缩飞轮式和摆动吊臂式升降补偿系统,各有优缺点。

此外,主动式升沉补偿根据补偿策略又可分为位移补偿、速度补偿和张力补

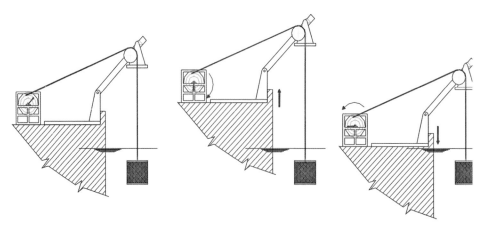

图 3‑75　绞车驱动升沉补偿示意图

偿。位移补偿以负载的升沉位移作为主要的控制信号,控制的最终目标是保持
负载的升沉位移恒定为零。在位移升沉补偿的过程中,负载受母船升沉运动的
影响而偏离平衡位置,控制器需要驱动负载快速回到平衡位置。速度补偿以负
载的升沉速度作为主要控制信号,如图 3‑76 所示,将保持补偿对象的升沉速度
为零作为补偿目的。在某些补偿任务中,补偿目的是保持补偿对象与另一参考
对象的相对速度为零。张力补偿也称为加速度补偿(见图 3‑77),它以缆绳的
张力值作为控制信号,主要的补偿目标是保持缆绳的张力恒定,防止缆绳松弛导
致拖缆或者过紧导致缆绳断裂。

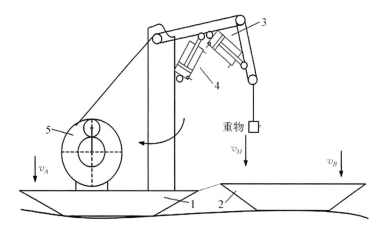

1—补给舰;2—被补给舰;3、4—变幅补偿缸;5—差动行星轮卷扬机。

图 3‑76　速度补偿示意图

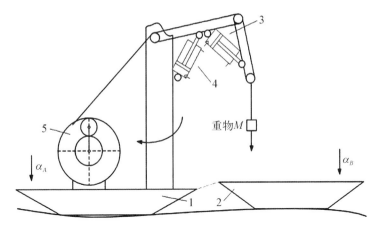

1—补给舰；2—被补给舰；3、4—变幅补偿缸；5—差动行星轮卷扬机。

图 3-77 张力补偿示意图

2. 直线式主动波浪补偿工作原理

与被动式波浪补偿系统相同，主动式波浪补偿系统也可以根据作用方式分为直线型和旋转型两种类型。直线型补偿器的主要动作单元是液压油缸和活塞，图 3-78 就是一个直线型补偿系统的原理图。其工作的过程如下：若船舶或平台向上运动，运动参考单元会将运动信号采集并传递给控制单元。控制单

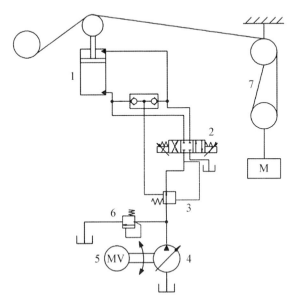

1—油缸；2—伺服阀；3—压力补偿阀；4—液压泵；5—电机；6—溢流阀；7—滑轮组。

图 3-78 直线型主动式升沉补偿系统

元收到运动参考单元传递而来的信号,结合液压油缸活塞杆的反馈信号,按预先设定的控制算法计算并得出控制指令。控制系统发出指令,电磁阀2切换到左位,马达5带动液压泵4将液压油打入活塞1的上部,使得上部的压力大于下部,推动活塞杆下行。此时,负载端的绳伸长,弥补了船舶或平台向上的运动,使得被吊装的物体基本保持在原位。若船舶或平台向下运动,则电磁阀2切换到右位运行,补偿过程与上述情况相反。因此,通过执行机构控制液压缸活塞杆的运动,可以使得起吊物与大地保持相对静止。主动波浪补偿系统采用反馈控制,因此补偿精度高,一些高性能的主动波浪补偿系统可以将波浪运动造成的影响减小95%,并可通过反馈控制不断修正补偿的位置偏差。

3. 旋转式主动波浪补偿工作原理

旋转主动补偿系统的典型代表就是主动式绞车升沉补偿器,它常用于钻井平台和起重机的波浪补偿。如图3-79所示为一个绞车补偿系统的部分组成,它的主要结构和功能如下。

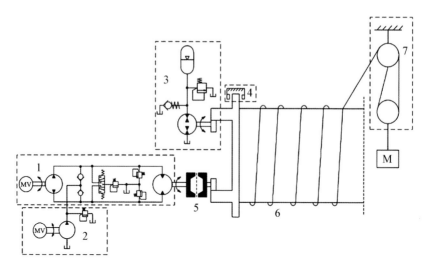

1—液压系统主回路;2—补油回路;3—能量回收系统;4—制动系统;
5—离合器;6—滚筒装置;7—滑轮提升系统。

图 3-79　旋转型主动式升沉补偿系统

(1) 液压系统主回路:由伺服电机、液压泵、液压马达、溢流阀、冲洗阀和单向阀等组成,液压马达与滚筒连接,带动滚筒转动实现升沉补偿。

(2) 补油回路:由电机、补油泵、补油溢流阀和单向阀等组成。由于闭式液压系统内部没有多余的油液进入,而实际工作中系统难免会存在泄漏,因此需要一个排量较小的液压泵作为补油泵,为系统提供泄漏的油液。

（3）能量回收系统：由二次元件、蓄能器、溢流阀和单向阀等组成。二次元件是一种集成了泵功能和马达功能的液压元件。蓄能器作为一种吸收和释放能量的装置，是液压能量回收的重要元件。

（4）制动系统：为了防止负载失速下滑，保证作业安全，刹车系统是绞车装置上必不可少的装置。

（5）离合器：是一种切断与传递动力的重要部件。通过控制离合器可以实现液压马达与滚筒之间力矩的传递。

（6）滚筒结构：常见的绞车传动形式主要有带传动、链传动和齿轮传动，而齿轮传动具有传递效率高、速比范围大和传动功率大等优点。

旋转主动波浪补偿工作原理如下：母船在海浪的作用下向上运动，此时负载跟随母船向上运动，为了抵消上升的位移，绞车释放钢丝绳，此时二次元件的反转处于泵工况，将负载的重力势能转化为液压能存储在蓄能器当中，同时保证负载相对静止，此时离合器动作，使得液压主回路处于断开状态。当母船向下运动时，船体的运动导致负载向下运动，为了补偿下降位移，二次元件正转处于马达工况，带动绞车收紧钢丝绳，当蓄能器中的液压能即将全部释放完全时，闭合离合器，连接液压主系统开始工作，为绞车提供动力。

主动式绞车补偿系统通过控制单元对系统的参数进行实时整定，提高系统的精度，使系统具有良好的补偿性能。但是，绞车主动补偿系统最大的问题是功率要求高，因为补偿系统的目的是使得船舶的升沉高度与缆线的收放长度相互抵消，使负载在动态平衡中保持相对静止，因此系统产生的拉力有时需要远超负载本身的重力，这对整体系统的功率提出了很高的要求。

4. 主动波浪补偿的控制方法

主动式升沉补偿系统作为机电液一体化的装备，由控制系统、检测系统、液压驱动系统和机械执行系统4个子系统组成，控制器设计过程中存在诸多难点。一方面，在系统工作过程中，由于系统结构复杂且存在机械摩擦等因素使系统模型具有较大的非线性，难以建立精确的简化数学模型；另一方面，系统机械设备以及负载的庞大质量会导致系统具有很大的惯性，因此，系统就产生了严重的响应滞后问题。另外，系统工作时受到海洋环境和自身工作原理的影响，使其具有随机性和参数时变性等特点。

针对主动式升沉补偿系统响应滞后问题，可以利用前馈控制的方法解决。前馈控制可以将可测干扰通过前馈通道引入闭环回路中，将前馈控制和反馈控制进行综合形成前馈-反馈复合控制，可以提高系统的响应速度。如图3-80所示，前馈控制的目的是提前抑制船舶运动干扰对被控量的影响，反馈控制的目的

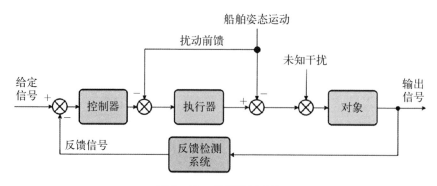

图 3‐80　前馈控制系统

是提高系统补偿精度。

3.6.3　主‐被动式混合波浪补偿系统

1. 主‐被动式混合波浪补偿系统的原理

主‐被动混合波浪补偿系统从被动波浪补偿系统和主动波浪补偿系统的基础上发展而来,综合了两种补偿方式的优点。这种类型的波浪补偿系统内部一般存在两条补偿回路,分别为一条被动补偿回路和一条主动补偿回路。采用主‐被动复合补偿策略时,当船舶或海洋平台受波浪诱导产生位移,先由被动补偿回路补偿一部分升沉位移,与此同时,主动补偿回路内的控制系统根据活塞杆的位移信号以及运动参考单元传递而来的信号,控制执行机构进行进一步的补偿。

图 3‐81 展示了一个主被动混合升沉补偿器的示意图。它既有被动升沉补偿气缸又有主动升沉补偿气缸,其中由被动升沉补偿气缸承载负载的重量,由主动升沉补偿气缸负责额外的压力调节来抵消升沉位移,这样可以很大程度上减少主动补偿系统的动力需求,又可以实现较高的补偿精度。并且,两条回路可独立工作:当补偿精度要求不高或海况较好时,可仅开启被动补偿回路,

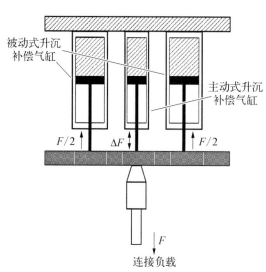

图 3‐81　主被动混合升沉补偿器的示意图

减小能耗;当补偿精度要求较高或海况恶劣时,可开启主动补偿回路,提高补偿精度;而当工作场合介于两者之间,则可采用主、被动回路同时工作的复合补偿策略,既保证了补偿效果,又节约了能耗。主被动复合波浪补偿系统既具备被动波浪补偿系统承载能力强,能耗小的特点,又具有主动波浪补偿系统的补偿精度高、响应迅速优点,目前在深海绞车等波浪补偿系统中已经得到了广泛的运用。

2. 主-被动波浪补偿系统的分类

主-被动式波浪补偿系统根据其结构形式可以分为机械并联式、机械串联式、复合油缸式和液压串联式这4种类型。

图3-82所示为针对海上平台的吊装起重作业设计的一种机械并联式的主-被动波浪补偿系统。并联放置的被动补偿液压缸和主动补偿液压缸的缸筒和活塞杆分别固定连接在定滑轮组和动滑轮组上,被动补偿液压缸的下油腔通过油管连接蓄能器及气瓶组,主动补偿液压缸的上下油腔通过换向阀连接液压泵。该系统通过被动补偿液压缸承担负载,通过主动补偿液压缸推动动滑轮组上下运动来实现对波浪的补偿。

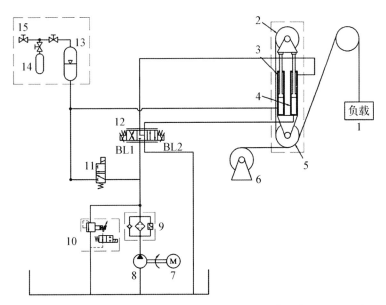

1—负载;2—动滑轮组;3—被动补偿液压油缸;4—主动补偿的液压油缸;5—定滑轮组;6—卷扬机;7—液压动力电机;8—油泵;9—液压油过滤器;10—电磁溢流阀;11—电磁换向阀;12—直动式电磁比例换向阀;13—活塞式蓄能器;14—高压无缝钢瓶;15—板式球阀

图3-82 机械并联式半主动波浪补偿系统

当系统处于主动式补偿工况下,平台位移传感器与活塞杆位移传感器将同时产生位移信号,并将此信号一同发送至上位控制器,控制器将根据此信号得出平台的实际位移和活塞杆相对缸体的实际位移,然后依此计算出负载的实际偏移,最终将期望调整的位移量转换成电信号发送至电磁比例换向阀来控制其动作的方向与大小,进而调整负载的偏差位移。因其控制过程中加入了反馈信号,所以补偿率大大提高。这个系统的主-被动式补偿模块分解情况如图3-83所示。

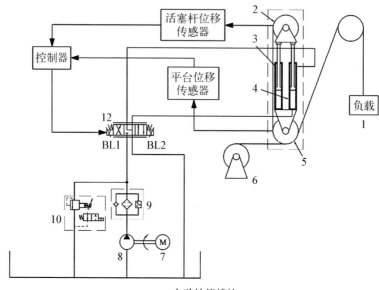

主动补偿模块

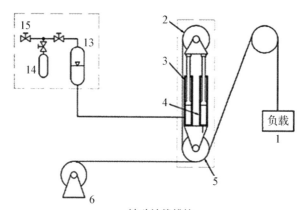

被动补偿模块

1—负载;2—动滑轮组;3—被动补偿液压油缸;4—主动补偿的液压油缸;5—定滑轮组;6—卷扬机;7—液压动力电机;8—油泵;9—液压油过滤器;10—电磁溢流阀;11—电磁换向阀;12—直动式电磁比例换向阀;13—活塞式蓄能器;14—高压无缝钢瓶;15—板式球阀

图3-83 机械并联式半主动波浪补偿系统分解图

　　机械并联式主-被动波浪补偿系统因为主动补偿液压缸与被动补偿液压缸并联的原因,要求两液压缸之间的距离必须很小,否则很容易因双缸不同步而产生偏矩,导致液压缸磨损甚至卡死,故而不适合用在安装跨距较大的作业场合。

　　图3-84是为深海 ROV 释放和回收作业设计的一种机械串联式的主-被动波浪补偿系统。在该系统中被动补偿液压缸的缸筒和活塞杆分别连接定滑轮和动滑轮,无杆腔与蓄能器的液腔连接,承受系统的主要负载。主动补偿液压缸与被动补偿液压缸反向布置,安装在同一轴线上,活塞杆与动滑轮相连接,通过工控机的控制使系统达到较好的补偿效果。机械串联式半主动波浪补偿系统因其安装特点而导致其存在安装尺寸大、安装调节较为复杂等缺点,多用于采用卧式安装方式的作业场合。

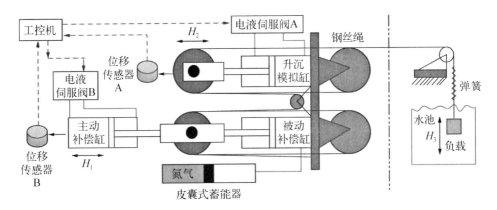

图3-84　机械串联式半主动波浪补偿系统

　　如图3-85所示为复合油缸式主-被动波浪补偿系统。该补偿系统的核心是复合式液压缸,它由 A 腔、B 腔和 C 腔三个腔室组成。A 腔和 B 腔分别通过比例阀连接主泵,起到主动补偿的作用,C 腔连接蓄能器,起到被动补偿的作用;A 腔和 B 腔之间安装一个连通阀,当比例阀位于中位时,连通阀打开,接通 A 腔和 B 腔,此时系统工作于被动补偿状态;当比例阀位于左位或右位时,连通阀断开,此时系统工作于主-被动补偿状态。复合油缸式半主动波浪补偿系统因为采用了复合液压缸,所以具有系统简单、结构紧凑等优点。但又因复合液压缸加工较为困难且加工成本高,因此不适合大规模的使用。

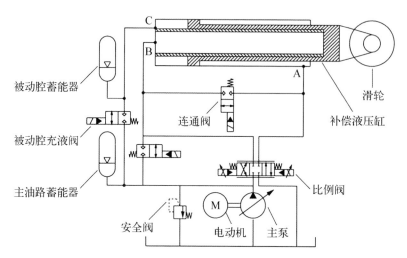

图 3 - 85　复合油缸式半主动波浪补偿系统

4

我国海上大型工程船
发展展望

4.1 发展趋势

1. 大型化与深水化

我国海上工程船的作业水域正在快速从沿海、近海向深远海拓展,深远海的海洋环境严酷,风大浪高,"小船经不起风浪,巨舰才能顶住惊涛骇浪",海上工程船大型化是必然趋势。船舶的大型化提高了抗风浪能力,增加了作业的气象窗口期,同时也可在船上安装作业能力更强的施工设备,消耗品也越多,船也更大。如大型挖泥船可有效降低疏浚成本、缩短工期和提高效率;大型风电安装船可安装大功率风机,增加作业窗口期,降低海上风电运营成本;大型起重船由于其业务向海上平台拆卸、海上大型桥梁工程建设、沉船打捞等业务拓展,对起重能力的要求也越来越大,面对目前低起重能力有余而高起重能力不足的局面,大型化也是大规模工程建设的需求。另外,技术的不断创新和工业体系的不断完善,使一些工程船大型化成为可能。

图 4-1 所示为专门用于导管架平台安装拆除的"Pioneering Spirit",为配合

图 4-1 Pioneering Spirit

作业,整个船体做成了 U 形,该船也配备了常规的甲板起重机,但其最重要的起重设备是船体艏部的起重梁和艉部的门架式抬梁,艏部的起重梁用于拆除或安装导管架平台上部甲板模块,其起重能力达到 48 000 t,艉部的门架式抬梁用于拆除或安装下部导管架,其起重能力达到 20 000 t。该船总长为 477 m,船体总长为 382 m,垂线间长为 370 m,型宽为 124 m,型深为 30 m,作业吃水区间为 10~27 m,最大排水量达到 10^6 t,配备动力定位系统,配置了 12 个 6 050 kW 的全回转推进器,是目前世界上最大的海洋工程船舶,已完成多个大型导管架平台拆除项目。

深海是维护国家海洋权益的前沿,也是海洋资源开发利用的重点区域。深水油气开发、深水金属矿开采、深水铺管、深水疏浚和深水重大基础工程设施的建设等重大需求,将推动深水作业系统快速发展。大型化的工程船为深海作业系统开发和使用提供了具有更好保障功能的船舶平台,深水作业能力的提高和海上工程船的大型化将同步推进。

图 4-2 所示为“鹦鹉螺新纪元”深海采矿船,总长为 227 m,型宽为 40 m,型深为 18.2 m,设计吃水为 13.2 m,航速为 12 kn,拥有可容纳 199 人的居住舱室,配备 4 个 5 510 m^3 的矿舱,配备 DP2 动力定位系统,总装机功率达到 32 000 kW,设计采矿水深为 2 500 m。“鹦鹉螺新纪元”配备完整的矿物开采、提升、脱水、储藏和装卸系统,是世界上第一艘专用深海采矿船,而且设备模块化程度很高。“鹦鹉螺新纪元”将配备鹦鹉螺矿业公司的三台采矿车(见图 4-3),

图 4-2 “鹦鹉螺新纪元”采矿船

从左至右分别是矿石收集车、主采矿车和辅采矿车。虽然"鹦鹉螺新纪元"没有正式投入营运,但它为后续的深水采矿系统研制提供了重要借鉴。

图 4 - 3 "鹦鹉螺新纪元"拟配备的采矿车

图 4 - 4 所示为一艘 200 m³ 自航抓斗挖泥船的设计方案,挖泥船的总长为 134 m,垂线间长为 128 m,型宽为 36 m,型深为 9 m,设计吃水为 5.6 m,航速为 12 kn,配备桩定位和锚泊定位,满足浅水和深水作业需求,适应南海恶劣环境条件下作业,标准产率达到 6 000 m³/h,它的尺度和作业能力是世界上最大

图 4 - 4 200 m³ 自航抓斗挖泥船

的,它配备的 200 m³ 电液抓斗、桩定位系统和疏浚监控系统具有完全自主知识
产权。

2. 自动化与智能化

在我国自主开发的一些海上大型工程船的船种中,作业的自动化水平已相
当高,能在人工不干预或极少干预的情况下按照设计的程序和步骤完成作业过
程,如大型绞吸挖泥船挖沙作业、耙吸挖泥船的挖泥作业、大型全回转起重船起
吊时的调载过程等都完全实现了操作自动化。

在海上大型绞吸挖泥船上,配备的疏浚控制系统利用计算机、软件、程序、仪
器仪表等完成横移绞车、桥架绞车、舱内泥泵、水下泥泵、绞刀、钢桩台车、真空释
放阀等施工设备的控制。在挖沙时,施工人员仅需在换桩移位时进行人工干预,
就可以自动完成疏浚作业,实现泥泵和挖泥作业的自动控制,大幅提高施工效
率,也使船舶的施工质量、效率和安全性能得到了较大地改善和提高。"天鲸号"
在国内首次使用了自动疏浚控制系统,随后在"天鲲号""长狮18""长狮19"等船
均配备了国产自动疏浚控制系统,都经过了长期的施工考验。

目前我国正在努力开发智能化集成控制系统[30]。国内开发的疏浚辅助决
策系统在实际实施过程中,泥泵自动控制能够根据施工土质、排距、泥泵型号、输
泥管线等具体情况,确定泥浆流速范围,自动设定泥泵间的允许压力范围、末级
泵的排出压力范围等,自动优化分析并提供与疏浚土质变化相适应的疏浚工艺
参数,自动改变变频电机的转速,实时调节泥泵的转速,确保挖泥船的产量处于
最优化;挖泥作业自动控制能够实现横移绞车、桥架绞车、钢桩台车等主要施工
设备在不同施工模式下的自动控制,以及绞刀转速/扭矩、横移速度/拉力、真空
释放阀开度、泥泵转速等的综合控制,自动获得最佳的挖掘效率和疏浚效率。图
4-5 是绞吸挖泥船泥泵自动控制逻辑框图,图 4-6 是绞吸挖泥船挖泥作业自动
控制逻辑框图。

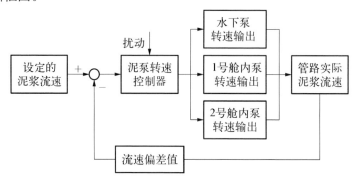

图 4-5 绞吸挖泥船泥泵自动控制逻辑框图

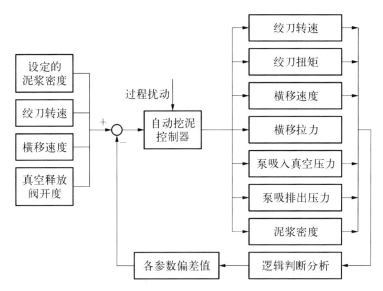

图 4 - 6　绞吸挖泥船挖泥作业自动控制逻辑框图

　　疏浚作业的辅助决策基础是强大的数据库,要建设强大的数据库需要大量施工数据的收集和分析,甚至开展基础应用研究,获得新的知识并将其数据化。国外疏浚公司通过对自己疏浚装备经年累月的数据收集,形成了强大的数据库,此数据库和辅助决策系统相结合,给控制系统提供了强大的自适应能力,使得控制系统具备了根据施工条件自动推荐最优施工参数匹配的能力。目前国内各大疏浚公司也认识到了疏浚数据收集的重要性,都在建立自己的数据库。

　　在自动化基础上实现决策智能化还有相当长的路要走,在信息充分化、知识数据化、自我学习功能等方面还有大量深入的工作要做。利用物联网技术实现海上大型工程船作业智能化不仅会大大提高作业效率,提高施工精度和安全性,也会使海上大型工程船有更多的使用功能和更强的环境适应性。

　　3. 模块化和多用途

　　海上大型工程船一般都造价昂贵,单一功能的船常常作业任务较少,不仅闲置不可避免,甚至出现一项重大工程完工,相应的工程船就不再使用,将一艘船的建造成本全部计入一项工程的情况。实际情况是很多不同功能的海上大型工程船对船体尺度、布置地位和动力设备配置的要求都很相近,若能在工程船设计时统筹兼顾各种使用功能,预留位置和接口,就可能使工程船主船体成为能满足多种使用功能的平台,实现工程船的多功能化。如起重船设计时,预留布置地位,在需要时,增加铺管作业设备,就变成铺管船;导管架平台拆装船经过适当改装,就可变成特殊重大件运输船等。在主船体成为多功能化平台的同时,也要求施工装备模块化,实现施工装备模块与船体连接的标准化,最终提高海上大型工程船使用率和经济性。

Ustein 曾经推出 S182 多用途海上工程船概念,如图 4-7 所示,船长为115.4 m,型宽为 30.8 m,型深为 8.4 m,作业吃水为 5 m,载重量约为 10^4 t,航速为 9 kn,采用 DP2 动力定位,布置能够居住 140 人的两人间。该船配备大型露天作业甲板,面积约为 2 000 m^2,能够根据作业需求安装模块化的施工设备,完成电缆铺设、浅水安装、抛石施工、海上救助和潜水支持等海上施工作业[31]。

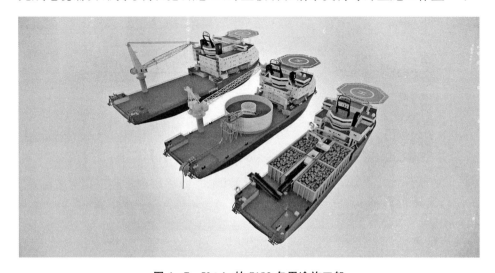

图 4-7　Ustein 的 S182 多用途施工船

可见海上大型工程船主船体成为多功能平台的前提是施工装备的模块化,如动力定位、波浪补偿、重大作业设备的模块化,实现施工装备模块与船体连接的标准化,从而提高海上大型工程船使用率和经济性。图 4-8 所示是飞轮式波浪补偿装置模块。

在船舶建造本身,对模块化设计和建造的研究也没有间断。IHC 海狸系列标准化可拆卸绞吸挖泥船,其船体结构分成了几个浮箱,能够通过陆上装车运输快速到达施工区域,通过螺栓和连接块快速拼接成主船体,再安装好模块化的施工设备即可开工,大大提高了效率和施工范围。

对于大型复杂的船舶结构模块,除了姐妹船大多数船舶属于定制化产品,而且船舶结构尺度和构造型式需根据不同尺度和不同船型要求按照船级社规范进行设计,标准化和通用型程度不高。不过不同类型、不同大小的船舶其构造仍具有相似性,如大型运输船的货舱区大都采用双层底双舷侧结构,并都采用相同的

图 4‑8　模块化波浪补偿系统

骨架形式,因此有可能通过局部构造的通用化、主要尺寸的标准化、分段边界的标准化,实现船体结构的模块化标准化建造。实际上,俄罗斯曾生产用于建造不同用途和不同级别舰船的标准化船体模块;美国在开发的超级油船上,用两类标准化零件制造了除艉舷外的船体结构,每个船体总段由相同的 7 种模块组成;我国有些船厂在新船的批量建造和旧船改装接长实践中,也曾采用过船体结构模块设计建造。对于海上大型工程船,特别是大量非自航的大型工程船,一般都线型简单,采用系列化的标准结构模块组成船体结构,是值得深入研究的课题。

4. 清洁能源利用

针对全球气候变化的严峻形势,顺应碳减排趋势和要求,国际海事组织提出至 21 世纪中叶,航运碳排放量要降低 50％,如图 4‑9 所示。

海上大型工程船在海上施工,一定会对海洋环境造成或多或少的负面影响,一是船本身的废气、污水等排放;二是施工对环境的干扰。国际海事组织、各国船级社等机构对船舶的环境友好性要求越来越高。

2022 年 5 月 19 日,世界疏浚协会联合会达成了关于疏浚行业脱碳的共识,提出“提高疏浚工程能效,减少二氧化碳和其他温室气体的排放”。

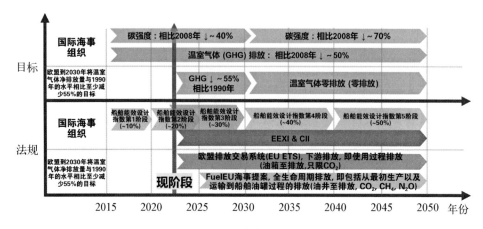

图 4-9 碳减排目标

中国疏浚协会也发文号召各成员单位："积极采取相关行动,为世界疏浚业脱碳做出贡献。"挖泥船的降碳、脱碳是未来必然的发展趋势。除了碳减排之外,船舶其他污染物的排放也受到越来越严格的控制。从 2010 年到现阶段,氮氧化物排放限值降低了约 80%,硫氧化物的排放限制相对于 2000 年则降低了约 90%。在排放控制区内,排放要求更加严格。

目前国际设立的排放限制区在不断增加,我国的整个沿海地区和主要内河航道基本都划为了排放限制区。挖泥船主要作业区也与之重合,将面临更加严格的排放限制。为满足越来越严格的排放法规,清洁能源成为未来挖泥船动力系统的首要选择,根据国际能源署的发展预测,新能源占未来船舶燃料的份额将越来越大。

目前新发展的绿色环保技术和装备在海上大型工程船上都有很好的应用,如采用清洁能源的大型绞吸挖泥船、新型的船舶压载水处理系统、润滑油回收系统等。目前的清洁能源主要包括 LNG、甲醇、氨燃料和氢燃料。新建成的"Spatacus"号海上大型绞吸挖泥船就配备了双燃料系统,采用了 LNG 燃料(见图 4-10)。但 LNG 双燃料发动机应用于挖泥船,仍然有很多难点,其中一个主要的难点就是发动机的负荷特性无法满足绞吸挖泥船复杂多变的工况环境。挖泥船的功率大、负载波动范围大、瞬态变化特性显著,这就对双燃料发动机的设计提出了更高的要求,要求发动机变工况条件下的动力响应速度足够快,以便能满足作业过程需要。另一个突出的关键技术难题则是 LNG 双燃料发动机的变工况瞬态特性,双燃料发动机高负荷阶跃下过渡过程时间长。这两个问题是现阶段 LNG 燃料在挖泥船或多工况工程船上应用亟须解决的关键技术问题。

图 4‑10　超大型绞吸挖泥船采用 LNG 绿色能源

4.2　问题与探讨

改革开放以来，特别是近二十年来，随着我国工业体系逐渐完善和造船工业的迅速发展，我国在海上大型挖泥船、大型起重船和风电安装船等方面取得了巨大进步，部分技术达到了国际领先水平。但是，由于欧洲国家完整的工业体系和对海上大型工程船的强大的研究和开发能力，许多新型的海上大型工程船都是最先在欧洲发展起来。欧洲大型造船集团设计、建造和配套实力雄厚，经营方式灵活多样，相关的建造市场目前仍被欧洲船厂主导。

我国在海上大型工程船方面起步较晚，而且国内众多的部门和地区各自进行海上大型工程船的研发，力量分散，信息与设备共享率低。除疏浚行业拥有的挖泥船、能源电力部门研制的风电安装船、油气开采企业所属的起重船、大型运输部门掌握的半潜船等外，我国海上大型工程船的总体技术水平与欧洲国家相差较大，有些船种还是空白，主要差距表现如下：一是自主创新能力不足，缺少核心技术；二是配套产业基础薄弱，高端配套产品依赖进口；三是应用基础研究和实海域试验能力不强，工程设计软件尚不能自主。建议在如下三个方面采取措施，争取海上大型工程船的快速发展。

第一，研究设计、建造和使用单位结合，在国家和企业支持下，组建海上大型工程船的研发机构，根据国家战略需求，对于急需的海上大型工程船进行集中投入、集中开发，掌握核心技术，攻克卡脖子难题，开发自主的分析软件，实现设计自主；对于有战略发展前景的海上大型工程船，提出新的概念、开发新的技术，设计具有自主知识产权的新船种，制定新的标准，占领制高点，赶超世界先进水平，提高海上大型工程船的自主创新能力，彻底改变研发力量不足，技术被人封锁，产品被人垄断的局面，满足国内海洋强国建设对海上大型工程船的需求，进而提高在国际市场的竞争力。

第二，海上大型工程船的配套设备的造价大约是整船的 $50\%\sim70\%$，但海上大型工程船的配套产业，欧洲具有核心优势和垄断地位，国内的配套产业基础薄弱，配套产品匮乏，配套集成度低，配套率也低。配套产业集群化发展是我国海上大型工程船迅速发展的突破口，充分利用我国雄厚的造船工业基础及发达的配套产业，强化海上大型工程船的产业集群建设，发挥产业集群作用，对于配套产业链逐渐实现由一系列拥有互补性质的不同独立实体组成供应链。对于通用产品，打造配套产品的标准体系，开展新产品研发，全面实现本土化。对海上大型工程船的通用配套产品实现由单一产品配套到系统集成、模块化设计制造转变。海上大型工程船的施工设备几乎都是高价值的高端配套产品，也是海上大型工程船的核心配套产品，国内由于产业结构不合理、无序发展和恶性竞争，导致低端产能过剩，而对核心高端配套产品缺乏设计制造能力，长期依赖进口，甚至它的运维也依赖国外相关公司。掌握海上大型工程船的施工装备设计、制造技术是实现海上大型工程船自主可控的核心，施工装备与船体连接的标准化、系列化也是船体多用途的基础。

第三，加强基础理论和应用研究，解决海上大型工程船的共性科学问题，自主研发海上大型工程船的性能分析软件和完善深海装备实尺度试验理论和方法是推动深远海工程船稳步发展的两项基本工作。

（1）我国重大工程设计施工软件 85% 来自国外，核心软件几乎 100% 进口，海上大型工程船的设计计算软件也不例外，存在严重的产业安全、功能安全和信息安全隐患。突破瓶颈、打破垄断、实现性能计算分析软件的自立自强，是我国海上大型工程船发展的一大核心任务，特别是施工装备的计算分析软件，例如，多体机构的复杂外载荷计算、复杂机构设计计算、作业引起的特殊振动分析、巨型施工装备与船体连接特殊结构的强度与疲劳计算分析、复杂多尺度构件的力学计算、海上大型工程船及作业装备建造质量控制等。

（2）深远海作业的大型工程船及施工设备面临台风、巨浪等极端海洋环境的考验,存在破损、断裂、倾覆等安全风险,必须准确预报极限载荷和响应,以确保安全。传统的室内缩尺模型试验存在效应问题,理论分析与数值计算则存在模型简化、诸多理论假定等局限。随着极端海况设计标准不断提高,越来越复杂的结构物与环境耦合因素使得现有的数值计算、实验室缩尺模拟与实海况下的实型动力学作用的差异已不可忽略,实尺度动力性能和理论机理的研究,可为装备的自主研制和工程应用提供可靠的理论依据和技术支撑,正成为船舶与海洋工程科学发展的前沿热点。

参 考 文 献

［1］ 中国海洋装备工程科技发展战略研究院.中国海洋装备发展报告［M］.上海：上海交通大学出版社,2021.

［2］ 祈斌,仲伟东,张太佶.工程船［M］.上海：上海科学技术出版社,2019.

［3］ 王万勇,刘怡锦,谢宁.南极磷虾捕捞加工船及装备发展现状和趋势［J］.船舶工程,2020,42(7)：33－39.

［4］ 王昭,魏康,徐瀚.论我国海上起重打捞作业及基础装备大型起重船的发展［J］.中国设备工程,2020(12)：219－220.

［5］ 周健,马网扣.起重/铺管船工程设计［M］.上海：上海交通大学出版社,2018.

［6］ 张超.大型起重/铺管船及工程船舶的研发［M］.上海：中国船舶工业集团公司第七〇八研究所,2010.

［7］ 上海振华重工(集团)股份有限公司.自升式风电安装船技术与应用［M］.上海：上海科学技术出版社,2019.

［8］ 甄义省,邬卡佳,童波.自航自升式风电安装船总体设计［J］.船舶工程,2019,41(6)：18－23.

［9］ 于卫红,邱成国,魏良孟.1 000 t海上风电安装平台设计及稳性研究［J］.船舶工程,2018,40(3)：73－77.

［10］ 晁世方,于多.2 500 t沉垫自升式海上风电安装平台设计与布置［J］.造船技术,2021,49(2)：8－11.

［11］ 王春雷.风电安装船方案设计及关键技术研究［D］.大连：大连理工大学,2018.

［12］ 仲伟东,尉志源,迟少艳.半潜船工程设计［M］.上海：上海交通大学出版社,2018.

［13］ 李志垒.大型半潜船压载水系统设计［J］.船舶,2014,25(1)：53－57.

［14］ 孙楠.5万载重吨半潜船动力定位控制系统研究［D］.哈尔滨：哈尔滨工程大学,2014.

［15］ 李桐.半潜船推力分配方法及动力定位能力分析［D］.哈尔滨：哈尔滨工

程大学,2021.

[16] 冯志根. 半潜船船型特点及其发展前景[J]. 上海造船,2006(1):49 - 51.

[17] 佟国志,龚礼兵,高渊,等. 12 万吨举力超大型浮船坞建造工艺与方案
[C]. 2008 中国大连国际海事论坛论文集,2008:332 - 338.

[18] 王谷谦. 疏浚工程手册[M]. 上海:交通部上海航道局,1994.

[19] The dredger Register 2020.[Z]. Clarcksons Research,2020.

[20] W. Vlasblom. Lecture notes on dredging equipment and technology:
Delft University of Technology,2003.

[21] 费龙,程风,丁勇. 耙吸/绞吸挖泥船工程设计[M]. 上海:上海交通大学
出版社,2018.

[22] 张文斌,谭家华. 土工布充砂袋的应用及其研究进展[J]. 海洋工程,2004
(2):98 - 104.

[23] 石珣,陈新权,谭家华. 基于计算流体力学方法的水线面大开口工程船阻
力性能分析[J]. 上海交通大学学报,2012,46(8):1178 - 1183.

[24] 何炎平,饶维生,杨剑涛,等. 绞吸式挖泥船泥泵运行参数配置分析[J]. 中
国港湾建设,2010(5):50 - 53.

[25] 何炎平,谭家华,顾明. 绞吸式挖泥船产量有关问题的探讨[J]. 中国港湾
建设,2010(2):5 - 7.

[26] 徐丹铮,缪燕华,吴斐文. 大功率电力系统船舶的电气设计(上)[J]. 船舶,
2009,20(5):31 - 37.

[27] 陈新权,杨启,顾敏童,等. 绞吸挖泥船环境载荷及其对作业能力的影响
[J]. 中国港湾建设,2012(6):1 - 3,16.

[28] Chen Xinquan, Yang Qi, Tan Jiahua. Hydrodynamic simulation for a
large self-propelled cutter suction dredger working at sea [C].
Proceedings of the International Offshore and Polar Engineering
Conference,2015:1315 - 1319.

[29] Chen Yihua, Chen Xinquan, Yang Qi, et al. Dynamic stability analysis
of backhoe dredger based on time domain method[J]. Journal of
Shanghai Jiao Tong Univeristy(Science),2022(3):339 - 345.

[30] 罗刚,冯志勇,陈定,等. 大型自航绞吸挖泥船智能化集成控制系统[J]. 中
国港湾建设,2016,36(9):12 - 16.

[31] 陆伟东,徐学光. 模块造船的实施方法[J]. 造船技术,1996(4):9 - 11.